2024

MSA

Mittlerer Schulabschluss

Schleswig-Holstein

Deutsch

LÖSUNGEN

STARK

11. ergänzte Auflage
www.stark-verlag.de

Inhalt

Sobald die Original-Prüfungsaufgaben 2023 freigegeben sind, können die dazugehörigen Lösungen als PDF auf der Plattform MyStark heruntergeladen werden (Zugangscode vgl. Umschlaginnenseite).

Autorinnen der Lösungsvorschläge:
Marion von der Kammer (Training Grundwissen)
Margrit Deißner (Training Grundwissen, Original-Prüfungen)

Vorwort

Liebe Schülerin, lieber Schüler,

dies ist das Lösungsbuch zum Band **„MSA 2024 – Deutsch Schleswig-Holstein“** im A4-Format (Best.-Nr. D01140). Es enthält ausführliche und kommentierte Lösungen zu allen Übungen im Trainingsteil sowie zu den Original-Prüfungsaufgaben der Jahre 2019 bis 2022. Die Lösungen zur Prüfung 2023 findest du online auf der Plattform *MyStark*.

Die Lösungen ermöglichen es dir, deine Leistung einzuschätzen. Es handelt sich um **Lösungsvorschläge**, die dir zeigen, wie man die Aufgaben richtig und umfassend beantworten kann. Das heißt, dass – außer bei den geschlossenen Aufgaben – auch andere Lösungen als die hier abgedruckten möglich sind. Die Lösungen zu den Schreibaufgaben sind manchmal recht ausführlich und geben dir Anregungen, was du alles schreiben könntest. Das heißt nicht, dass deine Antworten auch immer so lang sein müssen. Wichtig ist, dass du die Hinweise beachtest, die in der Aufgabenstellung genannt sind, und alles **vollständig** und **richtig** bearbeitest.

Außerdem gilt: Versuche stets, die Aufgabe zunächst **selbstständig** zu lösen, und sieh nicht gleich in der Lösung nach. Solltest du nicht weiterkommen, helfen dir die grau markierten **Hinweise und Tipps**, die du in der Regel im Anschluss an die Lösungen findest. Wenn du sie gelesen hast, solltest du unbedingt selbstständig weiterarbeiten. Vergleiche erst ganz am Schluss die hier angebotene Lösung mit deinen eigenen Ergebnissen und korrigiere oder ergänze diese gegebenenfalls. Lies zu allen Aufgaben, die du nicht richtig lösen konntest oder bei denen du dir unsicher warst, noch einmal die allgemeinen Erläuterungen in dem entsprechenden Kapitel im A4-Trainingsband.

Sollten nach Erscheinen dieses Bandes noch wichtige Änderungen für die Abschlussprüfung 2024 bekannt gegeben werden, findest du **aktuelle Informationen** dazu ebenfalls bei *MyStark*.

Viel Erfolg bei der Abschlussprüfung!

Lösungen

Training Grundwissen

Lesekompetenz

Ü 1: „Ruhelos im Großraumbüro“ – Den Leseprozess steuern

1. **Textsorte:** Sachtext (oder: Bericht)
   Thema: Studie zu Geräuschen/Lärm in Großraumbüros
   Absicht des Verfassers: informieren

2. **Schlüsselwörter:** Großraumbüro, Störungen, Geräusche, Lärm, Gespräche
   Kernaussage: Lärmschutzmaßnahmen erhöhen für die Angestellten die Belästigung durch Geräusche, weil sie dadurch die Gespräche zwischen Kollegen deutlicher wahrnehmen.
   Anzahl der Sinnabschnitte: 3
   Unterthemen:
   Abschnitt 1 (Z. 1–5): Vorabinformation über die wesentlichen Textinhalte
   Abschnitt 2 (Z. 6–18): Ergebnisse einer Studie zur Belästigung von Büroangestellten durch Geräusche
   Abschnitt 3 (Z. 19–28): Anordnungen von Büroräumen und deren Beliebtheit/Akzeptanz
   Allgemeine Aussagen:
   „In modernen Großraumbüros ist Lärmschutz angesagt.“ (Z. 1 f.)
   „70 Prozent aller befragten Büroangestellten sind ‚oft bis immer‘ durch Geräusche und Gespräche abgelenkt.“ (Z. 6–8)
   „Am wenigsten geschätzt werden trendige ‚Multi-Space-Büros‘ mit einer Aufteilung in Zonen […].“ (Z. 19–21)
   „Beliebt ist […] das klassische Kombi-Büro […].“ (Z. 25 f.)
   Beispiele:
   „Dabei wird eine Unterhaltung von Kollegen störender empfunden als mechanischer Lärm.“ (Z. 10–12)
   „Besonders gravierend ist die Situation in modernen Großraumbüros.“ (Z. 12–14)
   „Stimmen treten noch deutlicher hervor.“ (Z. 18)

3. **mechanischer Lärm:** Lärm durch Maschinen oder Geräte
   Multi-Space-Büro: ein Büro mit verschiedenen Funktionszonen
   Nomadisieren: unstetes Hin- und Herlaufen
   Kombi-Büro: Büro mit abgetrennten Räumen für verschiedene Funktionen
   Kommunikationszone: Zone, in der Kollegen Gespräche führen können

Ü 2: „O Sohle mio!" – Geschlossene Aufgaben lösen

1. a) [X] Durch meine Schuhe hebe ich mich von der Masse meiner Mitmenschen ab.

   Hinweis: *Es heißt, der Schuh sei jahrzehntelang „Symbol von Rebellion und Ausdruck von Individualität" (Z. 23 f.) gewesen. Rebellion liegt vor, wenn man sich gegen etwas auflehnt, das allgemein üblich ist; Individualität liegt vor, wenn ein Mensch seine ganz besonderen Eigenheiten pflegt und sich dadurch von der Masse abhebt.*

   b) In erster Linie will der Verfasser …

   [X] den Leser über ein Modephänomen informieren.

   Hinweis: *Der Text ist zwar auch unterhaltsam geschrieben, doch die Unterhaltungsfunktion ist nachrangig. Vor allem will der Verfasser den Leser informieren.*

2. **Aussagen**

	trifft zu	trifft nicht zu
a) Früher wurden Chucks vor allem von Außenseitern getragen.	X	
b) Heute werden Chucks von vielen Menschen getragen.	X	
c) Chucks werden besonders von Sportlern bevorzugt, die ihre Knöchel schonen wollen.		X
d) Wer Chucks trägt, kommt leicht mit anderen ins Gespräch.		X
e) Ältere Leute, die Chucks tragen, wirken dadurch oft jünger.	X	

Hinweis: a) Z. 118–120; **b)** Z. 52–59; **c)** *Zwar war das Schonen der Knöchel in den 20er-Jahren ein Gedanke, um die Chucks zu verbessern. Der Text sagt aber aus, dass man sie heute aus modischen Gründen trägt.* **d)** *Dass das Tragen von Chucks Einfluss auf das Verhalten des Trägers hat, wird im Text nicht gesagt.* **e)** Z. 43–47.

3. a) Marquis Converse

   Hinweis: Z. 71 f.

   b) 1908

   Hinweis: Z. 71

   c) Mit dem Sieg der amerikanischen Basketballmannschaft bei den Olympischen Spielen 1936.

   Hinweis: Z. 83–86

4.

Nummer	Aussage
6	a) Eine Musikband machte die Chucks von Neuem populär.
2	b) Der Basketballspieler Charles „Chuck“ Taylor setzte bei der Herstellerfirma Verbesserungsvorschläge durch.
5	c) In Filmen wurden Chucks von Außenseitern und rebellischen Helden getragen.
3	d) Die amerikanische Basketballmannschaft gewann in Chucks erstmalig olympisches Gold.
4	e) Rock'n'Roll-Sänger trugen Chucks auf der Bühne.
7	f) Chucks sind heute Schuhe für jedermann.
1	g) Marquis Converse gründete die „Converse Rubber Shoe Company“ in Massachusetts.

Hinweis: ***a)*** *Z. 32 f.,* ***b)*** *Z. 75–81,* ***c)*** *Z. 118–120,* ***d)*** *Z. 83–86,* ***e)*** *Z. 89–94,* ***f)*** *Z. 27 f.,* ***g)*** *Z. 71–73*

5.

Buchstabe	Aussage
I	a) Sie trug Chucks einmal zu einem Hosenanzug.
E	b) Er trägt Chucks immer freitags.
H	c) Sie trugen Chucks in der Farbe Schwarz.
D	d) Sie haben das aktuelle Comeback der Chucks eingeleitet.
F	e) Er trug Chucks in einem Film.
A	f) Sie dekorierten ihre Chucks mit dem Peace-Zeichen.
C	g) Sie wirken durch Chucks direkt noch etwas jungenhaft.
B	h) Sie tragen Chucks aus Gründen des Understatements.

Hinweis: ***a)*** *Z. 66–69,* ***b)*** *Z. 1–6,* ***c)*** *Z. 106–108,* ***d)*** *Z. 32 f.,* ***e)*** *Z. 59–61,* ***f)*** *Z. 103 f.,* ***g)*** *Z. 43–45,* ***h)*** *Z. 38–41*

Ü 3: „O Sohle mio!“ – Halboffene Aufgaben lösen

1. a) Es geht um das Image der Chucks: Ursprünglich wollten die Träger von Chucks auf diese Weise ihre Individualität unterstreichen und ein Zeichen gegen den Mainstream setzen; inzwischen sind Chucks aber zum Massen- und Modeartikel für jedermann geworden.

   Hinweis: *Z. 22–28*

b) Harry Potter ist als Kinoheld in den Augen der Zuschauer ein beliebter Star. Dass er Chucks trägt, passt nicht zum Rebellen-Image der Schuhe.

c) Chucks sind nicht mehr Ausdruck einer rebellischen Haltung, sondern ein Modeartikel, bei dem es auch auf die passende Farbe ankommt.

2. a) Zum ersten richtigen Erfolg der Chucks kam es dadurch, dass ein berühmter Basketballspieler Verbesserungsvorschläge für die Gestaltung der Schuhe machte. Als in der Folge die amerikanische Basketballmannschaft olympisches Gold erlangte, war das der Durchbruch für die Chucks. Anschließend wurden sie auch von berühmten Musikern auf der Bühne getragen, z. B. von Elvis Presley.

   b) Mit dem Tragen von Chucks brachte man früher Individualität oder eine rebellische Haltung zum Ausdruck. Die Firma Converse möchte erreichen, dass dieses ursprüngliche Image nicht ganz verloren geht. Deshalb hat die Firma eine Werbekampagne veranlasst, die dafür sorgen soll, dass der Ruf der Schuhe erhalten bleibt. Geworben wird mit Bildern von Helden, die früher als Außenseiter und Rebellen galten.

3. Einerseits stimmt es schon, dass der Schulleiter sich bei den Schülern beliebt machen will, indem er die gleichen Schuhe wie sie trägt. Andererseits versucht er auf diese Weise auch, ihnen zu zeigen, dass die Unterschiede zwischen ihm, dem Schulleiter, und ihnen, den Schülern, gar nicht so groß sind, wie sie vielleicht denken. Er bemüht sich damit also, sich den Schülern zu nähern. Und das scheint zu funktionieren, denn er sagt ja, das würde den Jugendlichen „die Hemmungen“ (Z. 12 f.) nehmen, mit ihm zu reden. Svens Meinung, der Schulleiter wolle sich mit dem Tragen von Chucks nur „einschmeicheln“, finde ich deshalb zu negativ.

4. Ich finde, dass es Dana recht gut gelungen ist, die Aussagen des Textes in einer Schemazeichnung darzustellen. Sie zeigt übersichtlich, wie es zu dem heutigen „Dilemma“ um die Chucks gekommen ist: Früher wurden sie nur von Außenseitern und Rebellen getragen. So erhielten sie das Image als Schuhe für Menschen, die ganz besonders sind, eben Individuen. Im Laufe der Zeit trugen aber immer mehr Menschen diese Sportschuhe, sodass sich heute die Frage stellt: Was sagt es aus, dass die Chucks zum „Massenkult“ geworden sind? Ist das ein Zeichen der Demokratisierung – oder ein Zeichen für den Verlust des Rebellen-Images?

   ***Hinweis:** Du kannst auch zu einem anderen Urteil über die Grafik gelangen. Wesentlich ist, dass du deine Entscheidung gut begründest.*

Ü 4: Die Absicht des Verfassers erkennen

	Absicht des Verfassers
Text A	appellierender Text
Text B	kommentierender Text
Text C	instruierender Text
Text D	informierender Text

***Hinweis:* *Text A* ist ein Werbetext eines Autoherstellers mit dem Ziel, die Kunden zum Kauf zu veranlassen. *Text B* kommentiert eine mögliche staatliche Förderung von Elektroautos, gibt also die Meinung der Verfasserin zu diesem Thema wieder. In *Text C* erhält der Leser Ratschläge für kraftstoffsparendes Fahren, und *Text D* berichtet sachlich über die Ergebnisse eines Vergleichstests zu Elektrofahrzeugen.**

Ü 5: Artikel über Susi Kentikian – Textsorten unterscheiden

Text A

Textsorte: Reportage

Merkmale: Anschauliche Darstellung, Einstieg über eine „Nahaufnahme", davon ausgehend allgemeine Informationen und Hintergrundwissen zum Thema; fast durchgängig Tempus Präsens

Textbelege: „Als Susi Kentikian das Zwei-Zimmer-Apartment betritt, macht sie einen Schritt in ihre eigene Vergangenheit." (Z. 1–3);
„Damals sterben 50 000 Menschen, mehr als eine Million werden zu Flüchtlingen." (Z. 44–48);
„Sie ist zu Besuch bei [...]" (Z. 9 f.), „[…], rät die 27-Jährige […]" (Z. 18 f.) „In Deutschland darf er nicht mehr als putzen gehen." (Z. 52–54)

__Hinweis:__ __Beleg 1:__ „Nahaufnahme", __Beleg 2:__ Hintergrundinformationen über die Situation 1992, __Belege 3–5:__ Zeitform Präsens

Text B

Textsorte: Interview

Merkmale: Wortwörtliche Wiedergabe eines Frage-Antwort-Gesprächs zwischen Journalist und prominenter Person; Äußerungen der interviewten Person wirken spontan und echt; Umgangssprache

Textbelege: „Wenn ich solche Leute sehe, kriege ich gleich einen Abtörner." (Z. 3), „Oder einen Cheeseburger bei McDonald's." (Z. 21)

__Hinweis:__ Dialog in Umgangssprache

Text C

Textsorte: Bericht

Merkmale: Information über aktuelles Ereignis; sachliche Darstellung, nennt Fakten, Beantwortung der W-Fragen; Aufbau: vom Wichtigen zum weniger Wichtigen; Darstellung im Präteritum

Textbelege: „Boxweltmeisterin Susi Kentikian hat einen weiteren WM-Gürtel gewonnen.“ (Z. 1 f.);
„Die 28 Jahre alte Hamburgerin bezwang in ihrer Heimatstadt die mexikanische Herausforderin Susana Cruz Perez einstimmig nach Punkten […].“ (Z. 2–6);
„Zu den Zuschauern in der Halle gehörte die frühere Boxweltmeisterin Regina Halmich.“ (Z. 29–31)

***Hinweis:** Erst wird gesagt, was passiert ist, wer daran beteiligt war und wo es geschehen ist (**Textbelege 1 und 2**); erst danach wird auf Einzelheiten und später auf weiterführende Informationen eingegangen (**Textbeleg 3**).*

Text D

Textsorte: Kommentar/Rezension

Merkmale: Meinungsäußerung des Verfassers zu einem Ereignis/Sachverhalt, hier: zur Veröffentlichung der Autobiografie von Susi Kentikian; zunächst Bezugnahme auf Ereignis, dann Begründung/Argumente, persönliches Urteil; überwiegend im Präsens

Textbelege: „[…] beim Lesen des Titels der Autobiografie […] von ‚Killer-Queen‘ Susi Kentikian […]“ (Z. 2–5);
„mit klischeebeladenen Trainerzitaten“ (Z. 7 f.), „Dennoch lohnt es sich diesem Werk etwas Aufmerksamkeit zu schenken.“ (Z. 12–14)

***Hinweis:** Bezugnahme auf das erschienene Buch (**Beleg 1**), begründete Beurteilung (**Belege 2 und 3**)*

Ü 6: „Shell Jugendstudie“ – Nichtlineare Texte lesen: Tabellen

1. a) Von Interesse war die Frage, wie Jugendliche ihre Freizeit verbringen.
   b) in Prozent
   c) aus einer Umfrage für die Shell-Jugendstudie
   d) Jugendliche im Alter zwischen 12 und 25 Jahren
   e) 2015
   f) das Meinungsforschungsinstitut TNS Infratest

2. **Aussagen**

	trifft zu	trifft nicht zu
a) Jugendliche lesen in ihrer Freizeit keine Bücher mehr.	☐	☒
b) Je älter die Befragten sind, desto häufiger engagieren sie sich in einem Projekt oder Verein.	☒	☐
c) Jungen interessieren sich mehr für Computerspiele als Mädchen.	☒	☐
d) Mit zunehmendem Alter nimmt das Interesse an Sport ab.	☐	☒
e) Jungen und Mädchen verbringen ihre Freizeit gleich gerne mit der Familie.	☐	☒
f) In Kneipen zu gehen kommt für die Jüngsten überhaupt nicht infrage.	☒	☐

***Hinweis:** Nur dann, wenn in einer Zeile **alle** Zahlen eine Aussage bestätigen, darfst du sie als richtig ankreuzen. Es genügt eine einzige unpassende Zahl, um einen Satz als falsch zu beurteilen.*

3. ☒ Computerspiele spielen

***Hinweis:** Um die Aufgabe zu lösen, siehst du dir bei den genannten Freizeitbeschäftigungen die Anzahl der Nennungen bei Jungen und Mädchen an und berechnest die Differenz. Die größte ist hier gesucht.*

4.

Buchstabe	In dieser Altersgruppe …
A	ist das Surfen im Netz genauso beliebt wie Treffen mit Freunden.
B	wird am meisten aktiv Sport getrieben, z. B. in einem Verein.
C, D	ist die häufigste Freizeitbeschäftigung, sich mit Freunden zu treffen.
C	ziehen die Jugendlichen Videos und DVDs Computerspielen vor.
A	gehen nur wenige Jugendliche in Discos und auf Partys.
D	werden am meisten Zeitschriften oder Magazine gelesen.

***Hinweis:** Bei **Satz 2** darfst du die Angaben von „Training/Aktiv Sport treiben" und „Sport in der Freizeit" nicht verwechseln. Bei **Satz 3** darfst du die Spalten nicht miteinander vergleichen, sondern du musst für jede Spalte jeweils den höchsten Wert ermitteln.*

Ü 7: „Shell Jugendstudie" – Nichtlineare Texte lesen: Diagramme

1.

Symbol	Personengruppe
+	Aussiedlerfamilien aus Russland
+	homosexuelle Paare
+	türkische Familien
+	alte Rentnerehepaare
+	deutsche Familien mit vielen Kindern
–	Familien aus Afrika

Hinweis: *Achtung: In der Umfrage wurde nicht untersucht, was die Jugendlichen gut finden, sondern, was sie ablehnen („Jugendliche, die es* ***nicht*** *gut fänden […]"). Vergleiche die Länge der roten und rosa Balken: Überall dort, wo der rote Balken kürzer ist als der rosafarbene, hat die Toleranz gegenüber diesem Personenkreis zugenommen; wo der rosa Balken länger ist, ist die Ablehnung gestiegen.*

2. Der Anteil derer, die …

[X] Zuwanderung mit mehr Ablehnung begegnen, ist seit dem Jahr 2015 um mehr als 15 Prozent gestiegen.

Hinweis: *Vergleiche die Länge der Säulen. Bei der ersten ist eine deutliche Zunahme erkennbar, d. h., dass der Anteil der Jugendlichen, die weniger Zuwanderer aufnehmen möchten, seit 2015 gestiegen ist.*

3. **Aussagen**

	trifft zu	trifft nicht zu
Sowohl im Westen als auch im Osten Deutschlands hat die Zustimmung zur Demokratie zugenommen.	X	
Die Zufriedenheit mit der Demokratie ist im Westen stärker gestiegen als im Osten.		X
Der Anteil der Jugendlichen, die mit der Demokratie unzufrieden sind, ist im Osten stärker gesunken als im Westen.	X	
Der Anteil derer, die mit der Demokratie zufrieden sind, ist im Westen um elf Prozent gestiegen.	X	
Im Osten ist die Zustimmung zur Demokratie um fast 20 Prozent gestiegen.	X	
Der Anteil derer, die zu diesem Thema keine Angaben gemacht haben, ist im Westen etwas größer als im Osten.		X

***Hinweis:** Um die letzte Aussage beurteilen zu können, musst du von der Gesamtsumme der jeweiligen Befragten (im Osten und im Westen jeweils 100 %) alle diejenigen abziehen, die Angaben gemacht haben – also sowohl die, die zugestimmt haben, als auch die, die Ablehnung geäußert haben.*

4. Das Interesse der Jugendlichen an Politik ist bis zum Jahr 2015 kontinuierlich gestiegen. In diesem Jahr interessierten sich 47 Prozent der Jugendlichen dafür. Im Jahr 2002 waren es nur 34 Prozent. Besonders deutlich gestiegen ist das Interesse für Politik zwischen 2010 und 2015. Der Anstieg betrug hier sieben Prozent. Dagegen kam es zwischen 2006 und 2010 praktisch zu einem Stillstand, denn in dieser Zeit stieg der Anteil derer, die sich für Politik interessieren, nur um ein Prozent an. Zwischen 2015 und 2019 zeigt sich ein leichter Rückgang des politischen Interesses um zwei Prozent.

   ***Hinweis:** Äußere dich sowohl zu deutlichen Veränderungen (2010–2015) als auch zu fehlenden Veränderungen (2006–2010).*

Ü 8: Heinrich von Kleist „Anekdote" – Epische Texte untersuchen

1. **Wer?** zwei berühmte Boxer, Zuschauer
   Wo? in London
   Was? Austragung eines öffentlichen Boxkampfes, durch den herausgefunden werden soll, wer von den beiden Boxern der bessere ist
   Wann? beim erstmaligen Zusammentreffen der beiden Boxer
   Welche Folgen? Tod beider Boxer; demjenigen, der den Boxkampf um einen Tag überlebt hat, wird die Siegerehre zuteil

2. Die Boxer treffen in London erstmals zusammen.
   Sie wollen herausfinden, wem der Siegerruhm gebührt.
   Sie vereinbaren einen öffentlichen Zweikampf.
   Sie schlagen beide kräftig zu.
   Der erste Boxer erleidet einen Blutsturz, nachdem der andere ihn geschlagen hat.
   Er schlägt zurück.
   Der andere Boxer geht zu Boden.
   Kurz darauf stirbt dieser.
   Dem ersten Boxer wird der Siegerruhm zuerkannt.
   Am Tag darauf stirbt auch er.

Ü 9: Arten von Prosatexten unterscheiden

Merkmal	Textsorte(n)
Der Protagonist macht eine Entwicklung durch.	G
Die Handlung strebt auf einen Höhepunkt (auch: Wendepunkt) zu.	A, D, E, H
Eine Person wird hereingelegt.	H
Die Hauptfiguren sind ganz normale Alltagsmenschen.	C, D, H
Die erzählte Handlung erstreckt sich über einen längeren Zeitraum.	G
Im Zentrum steht oft eine ungewöhnliche Begebenheit aus dem Leben einer Person.	A, E
Die Geschichte ist stark vereinfacht.	F
Es handelt sich um einen Prosatext von geringem Umfang.	A, C, D, H
Die Hauptfiguren sind oft Tiere, die sprechen können.	B
Im Mittelpunkt steht ein ganz besonderes Ereignis.	E
Die Einleitung fehlt, und das Ende ist offen.	D
Es gibt eine Einleitung und ein richtiges Ende; die Handlungsschritte werden chronologisch dargestellt.	E
Es wird eine Lehre erteilt.	B, F, H

Ü 10: Die Erzählperspektive bestimmen

Erzählperspektive	Text A	Text B	Text C
Ich-Erzähler	☐	☒	☐
Er-Erzähler			
personaler Erzähler	☐	☐	☒
auktorialer Erzähler	☒	☐	☐

Hinweis: *In* **Text A** *wird das Geschehen von einem unbeteiligten Beobachter dargestellt, in* **Text B** *wird aus der Ich-Perspektive erzählt und in* **Text C** *handelt es sich um einen Er-Erzähler, der die Perspektive des Protagonisten einnimmt (z. B. „Lieber tot sein, als sich […] blamieren", Z. 8 f.).*

Ü 11: Reinhold Ziegler „Marathon" – Einen epischen Text untersuchen

1. ☒ Er hat geglaubt, die Erwartungen seines Vaters erfüllen zu müssen.

   Hinweis: *Das entscheidende Problem war für ihn, dass er gemeint hat, die Erwartungen seines Vaters erfüllen zu müssen. Andernfalls hätte er sich auch zur Wehr setzen können, z. B. hätte er sagen können, dass er nicht laufen will.*

2. **Eigenschaften**

	trifft zu	trifft nicht zu
a) Ungeduld	☒	☐
b) Egoismus	☒	☐
c) Gleichgültigkeit	☐	☒
d) Ehrgeiz	☒	☐
e) Einfühlsamkeit	☐	☒

   Hinweis: ***a)*** *Der Ich-Erzähler sagt gleich zu Anfang, dass sein Vater es kaum abwarten konnte, ihn zum Laufen zu bringen (vgl. Z. 5–17).* ***b)*** *Da er seinen Sohn gar nicht nach dessen Bedürfnissen und Wünschen fragt, handelt er ausschließlich aus eigenen Interessen heraus, also ist er egoistisch.* ***c)*** *Gleichgültigkeit kann man ihm nicht nachsagen, denn er ist sehr ehrgeizig mit seinem Sohn.* ***d)*** *Sein Sohn sollte ein erfolgreicher Läufer werden; dieses Ziel hat der Vater mit Ehrgeiz verfolgt.* ***e)*** *Als einfühlsam kann man ihn auch nicht bezeichnen, denn er erkundigt sich nicht nach den Gefühlen und Bedürfnissen seines Sohnes.*

3.

Nummer	Der Ich-Erzähler …
5	wird als Olympia-Hoffnung gefeiert.
8	steigt auf Marathon um.
10	will mit dem Laufen aufhören.
2	nimmt zum ersten Mal an einem Fünftausendmeterlauf teil.
7	verpasst die Qualifikation für Olympia.
9	läuft mit seinem Vater Marathon.
3	schafft es nicht, seinen ersten Fünftausendmeterlauf zu gewinnen.
6	fängt an, Sport zu studieren.
1	muss bei jeder Gelegenheit mit seinem Vater laufen.
4	gewinnt einen Fünftausendmeterlauf.

4. Marco hasste seinen Vater nicht von Anfang an. Jedenfalls glaubt er das. Hassgefühle entwickelten sich erst nach und nach, als er lernen musste zu laufen.

Dem Vater dauerte alles einfach zu lange: Zuerst krabbelte das Kind nur, dann richtete es sich auf, ließ sich von einem Bein aufs andere fallen, hangelte sich unbeholfen vorwärts. Schließlich konnte der Junge endlich gehen. Aber er lief noch nicht, jedenfalls nicht richtig, nicht gleich, nicht aus den Fußgelenken heraus federnd, nicht mit der ganzen Sohle abrollend, noch nicht locker aus den Hüften heraus, noch nicht richtig im Knie geführt. Er war ein Kind, und er ging eben wie ein Kind, das gerade laufen gelernt hat. Das machte den Vater, den großen Sportler, ungeduldig. Und diese Ungeduld ließ er seinen Sohn auch damals schon spüren.
Im Alter von fünf Jahren hatte der Vater Marco dann so weit. Von da an wurde alles im Laufschritt erledigt. Ob sie morgens Brötchen holten, zum Einkaufen in die Stadt gingen oder abends den Hund „Nurmi" Gassi führten – stets wurde gelaufen. Gejoggt. Nur, mit heutigem Joggen hatte dieses verbissene Laufen nichts zu tun. Es fehlten die Leichtigkeit und der Spaß, die Jogger beim Laufen haben.

5. ☒ Der Ich-Erzähler hat diese Worte schnell vergessen.

Hinweis: *Dass er sagt, er habe diese Worte „eingeschlossen", heißt nicht, er habe sie „wegschließen" wollen, um sie zu vergessen. Vielmehr hat er sie behandelt wie einen Schatz, den er nicht verlieren will.*

6. ☒ Er findet keine Worte für seinen Misserfolg.

Hinweis: *Es ist die Sprachlosigkeit, die für das Gefühl der Fremdheit sorgt.*

7. Mit diesen Worten soll ihm sein Vater zeigen, dass er …

☒ seine Fehler eingesehen hat.

Hinweis: *Oft sagen Eltern, sie hätten „doch nur das Beste" für ihre Kinder gewollt, wenn die Kinder ihnen im Nachhinein Vorwürfe wegen bestimmter erzieherischer Maßnahmen machen. Mit der Aussage bringen sie zum Ausdruck, dass sie nur an das Wohl ihrer Kinder (an ihr „Bestes") gedacht haben und dass ihre Motive ehrenhaft waren. Die Eltern gestehen damit indirekt aber auch ein, dass ihr Erziehungsverhalten falsch war, und wollen ihre Kinder um Verständnis und Nachsicht bitten.*

8.
- **Hass** gegenüber seinem Vater, weil der ihn immer zum Laufen angetrieben hat und für ihn anscheinend nur die sportlichen Erfolge zählten
- eigener **Ehrgeiz**, als sich erste sportliche Erfolge eingestellt haben
- Gefühl des **Versagens**, nachdem er es zweimal nicht geschafft hat, sich für die Teilnahme an den Olympischen Spielen zu qualifizieren

- **Rachegefühle** gegenüber seinem Vater, weil dessen Ehrgeiz ihn einen falschen Lebensweg hat einschlagen lassen

Hinweis: ***Hass:*** *Z. 1–4, Z. 38, Z. 95–97;* ***Ehrgeiz:*** *Z. 99 f.;* ***Gefühl des Versagens:*** *Z. 125;* ***Rachegefühle:*** *Z. 150–153.*

9. a) Es ist sehr sicher, dass der Ich-Erzähler den Lauf gegen seinen Vater gewinnen wird, denn er ist jünger und besser trainiert. Trotzdem wird dieser ihn nicht dazu bewegen können, in Zukunft weiter zu laufen.
   b) Der Junge sieht diese Einsicht als Gewinn für sich an. Er hat endlich für sich selbst entschieden und damit sein Leben (zurück)gewonnen.

10. Mit dem Wort „Nebeneinander" ist zunächst gemeint: Keiner läuft voran und keiner bleibt hinter dem anderen zurück. Das Schlusswort drückt zugleich aus: Vater und Sohn sind jetzt gleichrangig; keiner ist dem anderen mehr überlegen, keiner kann den anderen beherrschen.

11. Marathon ist ein Langstreckenlauf über eine Strecke von 42 Kilometern. Ein solcher Lauf verlangt von den Läufern das Äußerste. In der Erzählung geht es aber nicht nur um die sportliche Disziplin. Es geht auch darum, dass der Sohn lernt, auf sich selbst zu hören, seine eigenen Interessen durchzusetzen und sich gegenüber seinem Vater zu behaupten. Dies zu schaffen, ist für ihn auch ein langwieriger Prozess und ähnlich anstrengend wie ein Marathon-Lauf.

Ü 12: Theodor Storm „Die Stadt" – Gedichte untersuchen

1. Beschreibung einer Stadt am Meer; Trostlosigkeit, aber auch wehmütige Jugenderinnerungen

2. Er vermittelt die Sicht …

   [X] eines gefühlvollen Betrachters.

   Hinweis: *Besonders in der dritten Strophe treten die Gefühle des lyrischen Sprechers zutage. Er wird so emotional, dass er die Stadt sogar personifiziert (vgl. V. 11–15). Es könnte zwar auch sein, dass es sich um einen Bewohner der Stadt handelt, allerdings vermitteln nur die Beschreibungen der ersten beiden Strophen den Eindruck der Traurigkeit. Die dritte Strophe widerspricht dem.*

3.

Strophe	Gedanken des lyrischen Ichs	Schlüsselwörter
1	Der lyrische Sprecher beschreibt die Stadt wegen ihrer Lage und ihrer Atmosphäre als wenig ansprechend und düster.	grau (V. 1), seitab (V. 2), Nebel, drückt, schwer (V. 3), Stille (V. 4), eintönig (V. 5)
2	Auch die Umgebung der Stadt wird bedrückend und wenig einladend dargestellt: Natur fehlt fast völlig.	kein Wald (V. 6), kein Vogel (V. 7), mit hartem Schrei (V. 8), Herbstesnacht (V. 9)
3	Wechsel in die Ich-Form, direkte Ansprache der Stadt und Erklärung des Sprechers, wie sehr er sich emotional mit ihr verbunden fühlt.	mein ganzes Herz (V. 11), dir, du (V. 11, 12, 14, 15), Jugend, Zauber (V. 13), ruht, lächelnd (V. 14)

4. a) Das lyrische Ich hat seine Heimatstadt verlassen und sehnt sich nun nach ihr zurück (obwohl sie so trostlos wirkt).
   b) Das lyrische Ich ist in einer schwierigen persönlichen Situation und erinnert sich sehnsüchtig an seine Jugend in seiner Heimatstadt.

Hinweis: *Versuche, dich in den Sprecher hineinzuversetzen. In was für einer Situation würdest du dich vielleicht so äußern?*

5. Durch die direkte Anrede wird die Bedeutung, die die Stadt für den lyrischen Sprecher hat, hervorgehoben. Er spricht sie an, als wäre sie eine lebende Person, z. B. ein Freund, was zeigt, dass er eine persönliche Beziehung zu der Stadt hat.

Hinweis: *Es handelt sich um das Stilmittel der Personifikation/Personifizierung. Dabei wird etwas Unbelebtes so dargestellt, als wäre es lebendig.*

6. **Zwar** wirkt die Stadt nach außen hin bedrückend und der negative Eindruck überwiegt, wenn man sie sachlich (objektiv) beschreibt.
   Aber die persönliche (subjektive) Sichtweise kann davon abweichen, so wie beim lyrischen Ich, das die Stadt dennoch positiv sieht, weil es mit ihr schöne Erinnerungen verbindet.

Hinweis: *Während in den ersten Strophen eine Außensicht der Stadt dargestellt wird, zeigt die letzte Strophe eine ganz persönliche Sichtweise auf. Daraus ergibt sich der Gegensatz.*

7. *Zustimmendes Ergebnis:*
   Mir gefällt an dem Gedicht, dass sich das lyrische Ich die Liebe zu „seiner“ Stadt erhalten hat, obwohl sie nach außen hin nicht besonders attraktiv

wirkt. Menschen gehen oft zu sehr von Äußerlichkeiten aus. Hier ist es anders: Die Erinnerung an eine schöne Kindheit und Jugend scheint einen stärkeren Einfluss auf das Empfinden zu haben als die oberflächliche, objektive Wahrnehmung.

Ablehnendes Ergebnis:
Mich spricht das Gedicht nicht an. Ich kann mir nicht vorstellen, dass man eine so hässliche Stadt, die einem nichts bietet, schön finden kann, nur weil man vor langer Zeit einmal schöne Erlebnisse dort hatte. Entscheidend ist doch, wie die Stadt in der Gegenwart tatsächlich ist. Die Sichtweise des lyrischen Ichs kann ich deshalb nicht nachvollziehen.

Hinweis: *Es ist egal, ob du eine eher positive oder eine eher negative Position zum Gedicht einnimmst. Wichtig ist nur, dass du deine Meinungsäußerung gut begründest.*

Ü 13: Theodor Storm „Die Stadt" – Das Reimschema bestimmen

Die Reimfolge im Gedicht ist regelmäßig. In allen drei Strophen liegt dieses Schema vor: abaab. Es handelt sich um eine Art Kreuzreim, allerdings ist das Reimschema um einen Vers erweitert, nämlich um Vers 4.

Hinweis: *Alle Versenden, die gleich klingen, bekommen zur Bestimmung des Reimschemas denselben Buchstaben zugewiesen. Für die erste Strophe z. B. ergibt sich also: Meer (a) / Stadt (b) / schwer (a) / Meer (a) / Stadt (b). Man könnte die Reimfolge auch anders umschreiben, z. B.: Die Verse zwei bis fünf jeder Strophe bilden einen umarmenden Reim. Der „überzählige" erste Vers reimt sich zudem mit dem Paarreim im Zentrum des umarmenden Reims, also mit den Versen 3 und 4.*

Ü 14: Theodor Storm „Die Stadt" – Das Versmaß bestimmen

Jambus, im Wechsel vierhebig und dreihebig

Hinweis: *Ăm gráuĕn Stránd, ăm gráuĕn Méer / Ŭnd séităb líegt dĭe Stádt […]*

Ü 15: Theodor Storm „Die Stadt" – Form und Inhalt zusammenführen

Inhalt: Die ersten beiden Strophen beschreiben Trostlosigkeit und Monotonie. In der dritten Strophe wechselt die Stimmung und eine andere, positive Sichtweise der Stadt kommt zur Sprache.
Form: Das Gedicht ist regelmäßig gestaltet: Alle Strophen haben die gleiche Anzahl an Versen, es liegt ein regelmäßiges Reimschema vor (abaab) und das Versmaß ist durchgehend der Jambus.

Zusammenhang: In den Strophen 1 und 2 passen Inhalt und Form zusammen, da die gleichmäßige Gestaltung des Gedichts die Eintönigkeit der Szenerie unterstreicht. In Strophe 3 verändert sich die inhaltliche Aussage, nicht aber die Form. Dadurch hebt sich diese Strophe besonders ab und weckt die Aufmerksamkeit des Lesers.

Ü 16: Mathias Jeschke „Spiel zwischen Erde und Himmel" – Moderne Gedichte verstehen

1. Pfiff (V. 2, V. 9), gefoult (V. 4), Freistoß (V. 12)

   Hinweis: *Diese Wörter sind eindeutig dem Fußball zuzuordnen. Es gibt aber noch weitere Wörter, die ebenfalls als Anspielung auf ein Fußballspiel zu verstehen sind: Spiel (Überschrift), Sturz (V. 1), schrill (V. 2, V. 9), gellt (V. 2), jubeln (V. 7), schwenken, Fahnengrün (V. 8), trifft (V. 11).*

2. Der zweite Themenbereich ist **die Natur**.
   Beispiele: Vögel (V. 7), Bäume (V. 8)

   Hinweis: *Mögliche Beispiele sind auch: Lichtung (V. 6), grün (V. 8).*

3. **Erste Bedeutung:** eine Vogelart/ein Singvogel
   Zweite Bedeutung: ein vorgetäuschtes Foul in einem Fußballspiel

4. Im Augenwinkel der Sturz.
   Schrill, scharf gellt der Pfiff.
   Ich wende mich hin,
   doch niemand gefoult am Boden.
   Es war eine Schwalbe.
   Ich stehe auf der Lichtung und öffne mich.
   Die Vögel jubeln,
   die Bäume schwenken ihr Fahnengrün.
   Erneut ein schriller Pfiff.
   Erwartung wächst.
   Da trifft es mich:
   Ich stehe am Punkt für den Freistoß.

   Quelle: Mathias Jeschke: Spiel zwischen Erde und Himmel, https://e-hausaufgaben.de/Thema-203879-Spiel-zwischen-erde-und-himmel.php

Ü 17: Die Sprachebene bestimmen

Sprachebene	Beispielsätze
↑	Könnten Sie mir freundlicherweise Ihre E-Mail-Adresse zukommen lassen?
↓	Ich hab schon ewig keine WhatsApp mehr von meiner Freundin gekriegt. Das ist halt echt komisch.
↓	Wie is'n deine Handynummer? Kannste die mir mal geben?
→	Wer früher den Ausdruck „elektronische Medien" benutzte, meinte damit nur Rundfunk und Fernsehen.
→	Heute denkt man vor allem an Computer und Internet, wenn jemand von elektronischen Medien spricht.
↑	PC und Internet gestalten unsere Kommunikation sehr komfortabel, denn sie ermöglichen gleichzeitig die Produktion, die Übertragung und die Rezeption von Nachrichten.
↑	Wir bieten Ihnen eine kompetente Betreuung aller in technologischer und logistischer Hinsicht anfallenden Aufgaben.
↓	Mein WLAN-Empfang ist echt unter aller Sau. Ich hoffe, das ändert sich bald mal.
→	Es soll Leute geben, die immer noch keinen Internetanschluss haben. Das kann ich nicht nachvollziehen.
↓	Was kümmern dich die anderen? Du nervst voll!
↑	Mitteilungen nach außen werden inzwischen immer öfter digital kodiert, vor allem bei Behörden und im Dienstleistungssektor.
→	Man sollte sein Passwort öfter ändern. Das ist eine Frage der Sicherheit.

Ü 18: „Spiel zwischen Erde und Himmel“ – Auf die Wortwahl achten

	Nomen	Verben	Adjektive
1.	Spiel, Sturz, Lichtung, Himmel, Vögel, Bäume, Erwartung, Freistoß	gellen, (sich) öffnen, jubeln, schwenken, wachsen, treffen	schrill (2×), scharf, gefoult
2.	überwiegend **positive Wirkung**, bis auf „Sturz“ wecken die Begriffe alle angenehme Vorstellungen	**gemischte Wirkung:** „gellen“ oder „treffen“ fast erschreckend, „jubeln“, „öffnen“ und „wachsen“ eher fröhlich oder hoffnungsvoll	insgesamt nur wenige Adjektive, alle **negativ:** klingen erschreckend bis bedrohlich
3.	**Fazit:** Die Wortwahl zeigt zunächst ein gemischtes Bild: Die Situation ist für den lyrischen Sprecher grundsätzlich angenehm, es gibt viele positive Aussagen. Hin und wieder erlebt er jedoch einen Schrecken. Betrachtet man die Wörter, die negative Vorstellungen wecken, im Zusammenhang des Gedichts, zeigt sich aber, dass sie stets durch positive Aussagen wieder „entschärft“ werden. Die Wortwahl, mit der Negatives zum Ausdruck kommt, dient also vor allem dazu, Spannung und Überraschungsmomente zu erzeugen.		

Ü 19: Heinrich von Kleist „Anekdote“ – Den Satzbau berücksichtigen

Satzbau: Der Text besteht aus langen Satzgefügen, also aus kompliziert gebauten Sätzen, bei denen viele Nebensätze ineinander verschachtelt sind.

Wirkung: Die komplizierten Satzgefüge erwecken den Eindruck, als gehe es dem Erzähler vor allem um eine sachlich präzise und detailgetreue Wiedergabe des Geschehens. Damit steht der Satzbau im Gegensatz zum Inhalt, denn die beschriebene Handlung ist spannungsgeladen und geradezu erschreckend: Erzählt wird, wie zwei Boxer sich in einem Zweikampf gegenseitig so schwer verletzen, dass sie beide nacheinander sterben. Die langen Sätze aber lassen die Erzählweise nicht aufgeregt, sondern ganz ruhig und gelassen erscheinen. Die Darstellung erinnert damit eher an einen überlegt formulierten sachlichen Bericht als an eine spannende Erzählung mit dramatischem Ausgang.

Hinweis: *Auch der Aufbau des Textes erinnert übrigens an einen Bericht: Die W-Fragen werden beantwortet (vgl. Übung 8) und das Geschehen wird in chronologischer Reihenfolge wiedergegeben.*

Ü 20: „Spiel zwischen Erde und Himmel" – Sprachbilder erkennen

1. In dem Gedicht gibt es …

   ☒ Personifikationen.

   Hinweis: *„Metaphern" wird nicht als richtig gewertet. Man könnte allenfalls die „Schwalbe" (V. 5) als Metapher ansehen. Allerdings handelt es sich dabei um ein Wort, dessen zweite Bedeutung fest in den deutschen Wortschatz eingegangen ist und das deshalb nicht unbedingt als Metapher erkannt wird. (Es handelt sich um eine sogenannte lexikalisierte oder tote Metapher.) Weitere Metaphern sind im Gedicht nicht zu finden, deshalb ist die Antwort im Plural („Metaphern") in jedem Fall falsch.*

2. „[…] die Bäume schwenken ihr Fahnengrün." (V. 8)

3. Die Sprachbilder erzeugen eine eher …

   ☒ gute Stimmung.

   Begründung: Wenn es heißt, „die Vögel jubeln" (V. 7) und „die Bäume schwenken ihr Fahnengrün" (V. 8), dann wirkt das fröhlich. Die Natur scheint die gute Stimmung der Zuschauer im Stadion widerzuspiegeln.

Ü 21: Peter Maiwald „Die Kampagne" – Ironie richtig deuten

1. Aussprechen von Irrtümern, Missverständnisse, Geschwätzigkeit

   Hinweis: *Auch möglich: Ärger mit Schwerhörigen, Lügen, jemanden zu etwas überreden*

2. **Erste Textstelle:** „In Zweifelsfällen werden wir handgreiflich." (Z. 35 f.)
   Erklärung: Wenn jemand handgreiflich wird, wendet er Gewalt an. Das kann nicht positiv gemeint sein.

   Hinweis: *Das Sprechen über Konflikte kann verhindern, dass ein Streit eskaliert. So kann eine Lösung des Problems herbeigeführt werden.*

   Zweite Textstelle: „Seit wir sprachlos sind, kann uns nichts mehr erschrecken." (Z. 39 f.)
   Erklärung: Es ist nicht von Vorteil, wenn man über nichts mehr erschrickt, denn das würde auch bedeuten, dass man schlimme Missstände oder grobe Fehler gleichgültig hinnimmt.

   Hinweis: *Wer niemals erschrickt, wird z. B. nicht gegen Unrecht protestieren. Auch wird er dazu neigen, unvorsichtig zu sein, weil er vor nichts Angst hat.*

Schreibkompetenz

Ü 22: Den Schreibprozess steuern – Eine Schreibaufgabe vorbereiten

1. a) Einrichten einer von Schülern betriebenen Cafeteria an der Schule
   b) einen sachlichen/offiziellen Brief
   c) der Schulsprecher/die Schulsprecherin der Schule; Anliegen: Bitte um Unterstützung, damit das Vorhaben verwirklicht werden kann
   d) an die Schulleiterin; sie könnte Einwände gegen das Projekt haben

2. Stoffsammlung als **Tabelle:**

Argumente für das Vorhaben (Vorteile)	Mögliche Einwände
• Viele Schüler kommen hungrig in die Schule → können sich nach Frühstück besser konzentrieren • Schüler lernen Verantwortung tragen: müssen einkaufen, verkaufen, abrechnen etc. • Geldeinnahme für die Schule, zusätzliches Geld für Anschaffungen • Mensa erst in Mittagspause geöffnet: zu spät • Angebote für den „kleinen Hunger zwischendurch" erwünscht • gut für die Schulatmosphäre: Treffpunkt für Schüler und Lehrer • evtl. Beitrag zur gesunden Ernährung, z. B. durch Angebot von Obst, Müsli, Joghurt • macht Schülern Spaß, fühlen sich ernst genommen, Anerkennung von Mitschülern und Lehrern • Betreiben einer Cafeteria schult wirtschaftliches Denken → förderlich für berufliche Zukunft • eigenverantwortliches Betreiben einer Cafeteria ermöglicht praxisorientiertes Lernen	• Mensa vorhanden → möglicherweise weniger Essensteilnehmer → evtl. Klagen des Betreibers über Gewinneinbußen • Zeitproblem: nur 20 Minuten Pause, pünktliches Erscheinen für aktive Schüler evtl. schwierig • evtl. Risiken in Bezug auf Geld (Kontrolle von Einnahmen und Ausgaben nötig) • Organisation schwierig • Startkapital nötig, unklar: Woher soll das Geld stammen? • Platz benötigt: Auswahl des Raumes zu klären • Ausstattung der Cafeteria mit Möbeln nötig (Tische, Stühle, Theke, Geschirr, Kasse …) • evtl. Mitarbeit von Eltern und Lehrern nötig • bestimmtes Angebot von Schülern erwartet, evtl. ungesund (z. B. Süßigkeiten) • Cafeteria unnötig: Schüler können Pausenbrot von zu Hause mitbringen

Stoffsammlung als **Mindmap** oder **Cluster:**

Beginne mit den Grundgedanken bei den direkt von der Mitte ausgehenden Ästen. Nutze dann weitere Abzweigungen von diesen für Zusätze und Zusammengehöriges, z. B. so:
Hauptast: *gezieltes Essensangebot möglich*
→ Nebenabzweigung: *z. B. Obst, Joghurt*
→ Abzweigung von der Nebenabzweigung: *Beitrag zur gesunden Ernährung*
Oder so:
Hauptast: *Organisation schwierig*
→ erste Abzweigung vom Hauptast: *Raumplanung nötig*
→ zweite Abzweigung vom Hauptast: *Pausen zu kurz*

In einem **Cluster** sind die Eintragungen noch ungeordnet aufgeführt, so wie die Ideen dir in den Sinn kommen (wie beim Brainstorming).
Die **Mindmap** dagegen kannst du gleich unterteilen in eine Pro- und eine Kontra-Seite – oder du fertigst je eine eigene Mindmap für Pro-Argumente und eine für Kontra-Argumente an.

3. Siehe Übung 23: Im Schreibplan (Hauptteil) sind die Ideen in der festgelegten Reihenfolge eingetragen.

Ü 23: Den Schreibprozess steuern – Einen Schreibplan erstellen

Schreibplan:

Einleitung	Höfliche Anrede
Hinführung,	Aktuelle Situation: viele Schüler ohne Frühstück im Unterricht
Anliegen	Bitte um Unterstützung für Einrichtung einer Cafeteria
Hauptteil Entkräften von Gegenargumenten,	• Fragen der Ausstattung und Organisation mit Unterstützung der Eltern lösbar • Mensa nur mittags geöffnet, deckt anderen Bedarf ab, keine Konkurrenzsituation
eigene Argumente	• bessere Leistungsfähigkeit durch Frühstücksmöglichkeit für alle Schüler • praxisorientiertes Lernen: Schüler lernen Verantwortung tragen, schult wirtschaftliches Denken • macht Schülern Spaß, gut für die Schulatmosphäre

Schluss	
Bekräftigung mit Hauptargument/ Zusammenfassung,	Wiederholung der Bitte um Unterstützung, Hauptbegründung: vorteilhaft für das Lernen und bessere Atmosphäre
weiteres Vorgehen	Vorschlag: Gespräch führen
	Grußformel und Unterschrift

Ü 24: Den Schreibprozess steuern – Einleitung und Schluss verfassen

Einleitung:

Sehr geehrte Frau …,
in letzter Zeit stelle ich immer wieder fest, dass viele Schüler morgens im Unterricht sitzen, ohne vorher zu Hause gefrühstückt zu haben. Pausenbrote haben sie auch nicht dabei. Deshalb fällt es ihnen schwer, darauf zu warten, dass in der Mittagspause endlich die Mensa öffnet. Mir ist vor Kurzem eine Idee gekommen, wie wir dieses Problem lösen könnten: Ich schlage vor, dass wir an unserer Schule eine Cafeteria einrichten, die von Schülern und Eltern gemeinsam betrieben wird. Damit dieses Vorhaben Wirklichkeit werden kann, bitte ich Sie um Ihre Unterstützung. …

Schluss:

… Ich hoffe, es ist mir gelungen, Sie davon zu überzeugen, dass es wirklich gut wäre, wenn wir an unserer Schule eine Cafeteria betreiben würden. Ein solches Angebot wäre nicht nur förderlich für das Lernen, sondern auch ein entscheidender Beitrag zur Verbesserung der Schulatmosphäre. Schließlich verbringen wir alle – Schüler und Lehrer – einen Großteil unseres Tages in der Schule. Es wäre schön, wenn wir für die Pausen eine Begegnungsstätte hätten, an der wir uns alle gerne aufhalten. Deshalb möchte ich Sie noch einmal ausdrücklich darum bitten, uns mit unserem Vorhaben zu unterstützen.

Mit freundlichen Grüßen

…

Ü 25: Den Schreibprozess steuern – Einen Text überarbeiten

Wir haben zwar eine Mensa, doch dort bekommen wir erst um 13 Uhr ein Mittagessen und das ist für viele Schüler zu spät. Es gibt heutzutage nämlich eine ganze Reihe von Schülern, die ohne Frühstück zur Schule kommen und die deshalb schon früh am Morgen Hunger haben. Sie möchten sich vorher etwas zu essen und zu trinken kaufen können. Denn sie können sich sonst im Unterricht nicht konzentrieren. Daher wäre eine Cafeteria wichtig für sie. […]

Ü 26: Friedrich Schiller „Der Verbrecher aus verlorener Ehre“ – Offene Fragen zu einem Text beantworten

1.

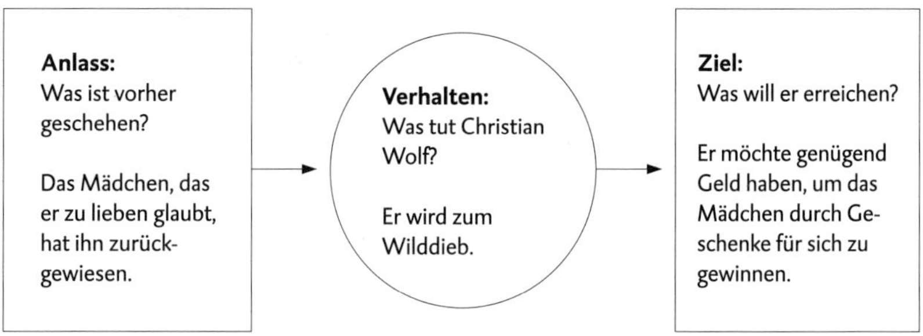

2. Christian Wolf wird zum Wilddieb, weil er zu Geld kommen will, um dem Mädchen, in das er verliebt ist, Geschenke machen zu können. Da er ziemlich hässlich aussieht, ist es schwer für ihn, beim anderen Geschlecht auf Interesse zu stoßen. Auch Hannchen, die er zu lieben glaubt, hat ihn zurückgewiesen. Da sie aber arm ist, hofft er, dass ihr Herz, „das seinen Beteuerungen verschlossen blieb, […] sich vielleicht seinen Geschenken“ öffnen würde (Z. 30–32). Um sie auf diese Weise für sich gewinnen, benötigt Christian aber Geld, das er nicht hat. So sieht er nur einen Ausweg, nämlich „honett zu stehlen“ (Z. 47), das heißt, zu wildern.

Ü 27: Reinhold Ziegler „Marathon" – Inhaltsangabe zu einem epischen Text

Schreibplan:

Einleitung Textsorte, Titel, Verfasser, Thema	 Kurzgeschichte „Marathon" Reinhold Ziegler Vater-Sohn-Konflikt: Dem Sohn fällt es schwer, sich gegenüber den Erwartungen seines Vaters zu behaupten.
Hauptteil Die einzelnen Handlungsschritte	1. Der Vater trainiert seinen Sohn schon früh im Laufen. 2. Der Sohn muss bereits mit 13 Jahren an einem Fünftausendmeterlauf teilnehmen: Er bewältigt die Laufstrecke, geht aber nicht als Sieger hervor. 3. Lob des Vaters für den guten Fünftausendmeterlauf; er meint, dass der Sohn den nächsten Lauf gewinnen wird. 4. Ein Jahr später gewinnt der Sohn tatsächlich. 5. Er wird von der Presse als Olympiahoffnung gefeiert. 6. Er zieht in eine andere Stadt, um Sport zu studieren. 7. Er verpasst die Qualifikation für Olympia. 8. Er steigt auf Marathon um, aber ist auch darin nicht gut genug. 9. Er besucht seine Eltern: fühlt sich zu Hause fremd und schafft es nicht, mit ihnen über seine sportlichen Misserfolge zu reden. 10. Sein Vater fordert ihn zum Laufen auf. 11. Der Sohn schlägt Marathon vor, der Vater willigt ein. 12. Während des Laufes bricht der Vater zusammen. 13. Die beiden unterhalten sich und kommen sich näher.
Schluss Ergebnis/Ausgang des Geschehens	Der Sohn hat es geschafft, sich von den hohen Erwartungen seines Vaters zu lösen. Er beschließt, mit dem Laufen aufzuhören.

Hinweis: *Du kannst die einzelnen Handlungsschritte im Hauptteil auch knapp in Stichworten notieren.*

Inhaltsangabe:

In der Kurzgeschichte „Marathon“ von Reinhold Ziegler, erschienen im Jahr 2001, geht es um einen Vater-Sohn-Konflikt: Der Ich-Erzähler, ein junger Mann, erzählt davon, wie er von Kindheit an darunter gelitten hat, die Erwartungen seines Vaters erfüllen zu müssen. Von klein auf hat dieser ihn auf eine Karriere als Leistungssportler getrimmt, ohne auf die Begabungen, Bedürfnisse und Interessen des Jungen Rücksicht zu nehmen. Erst nach vielen Jahren gelingt es dem Sohn, sich von diesen Ansprüchen zu befreien.

Der Ich-Erzähler erinnert sich noch genau daran, wie sein Vater ihn schon als kleinen Jungen bei jeder Gelegenheit im Laufen trainiert hat, beispielsweise auf dem Weg zum Bäcker. Bereits als 13-Jähriger hat er als Einziger aus seiner Altersklasse bei einem Sportfest an einem Fünftausendmeterlauf teilnehmen müssen, um den Ehrgeiz seines Vaters zu befriedigen. Obwohl er aus dem Rennen nicht als Sieger hervorgegangen ist, hat er von seinem Vater lobende Worte zu hören bekommen – und die Vorhersage, dass er das nächste Rennen ein Jahr später gewinnen werde, was dann auch tatsächlich geschehen ist. Von diesem Tag an ist der junge Läufer als „Olympiahoffnung“ gefeiert worden, nicht nur von seinem Vater, sondern auch von den Zeitungen.

Nach der Schule geht der Ich-Erzähler in eine andere Stadt, um dort Sport zu studieren und professionell zu trainieren. Trotzdem schafft er es nicht, sich für Olympia zu qualifizieren. Danach steigt er auf Marathon um, in der Hoffnung, dabei bessere Leistungen zu erzielen. Allerdings merkt er schon bald, dass er auch in dieser Disziplin nicht gut genug für den Profisport ist.

Als er wieder einmal bei seinen Eltern zu Besuch ist, fühlt er sich zunächst fremd bei ihnen. Es gelingt dem Jungen nicht, mit ihnen über seine sportlichen Misserfolge ins Gespräch zu kommen. Schließlich fordert sein Vater ihn zum gemeinsamen Laufen auf. Auf die Frage nach der Laufstrecke schlägt der gut trainierte Sohn Marathon vor. Er glaubt, dass sein Vater eine so lange Strecke nicht schaffen wird und dass deshalb er selbst diesmal die Oberhand haben wird. Nach einer Weile bricht der Vater tatsächlich zusammen.

Der Zusammenbruch führt dazu, dass die beiden erstmals richtig miteinander ins Gespräch kommen. Der Vater versteht, dass der Sohn sich mit dem Marathonlauf an ihm hat rächen wollen – für die übertriebenen Erwartungen, mit denen er den Sohn jahrelang gequält hat. Am Ende finden die beiden zueinander.

Ü 28: Theodor Storm „Die Stadt“ – Inhaltsangabe zu einem Gedicht

In dem Gedicht „Die Stadt“ von Theodor Storm beschreibt der lyrische Sprecher in drei Strophen eine Stadt, mit der er sich trotz ihrer trostlosen Atmosphäre emotional verbunden fühlt.
In den ersten beiden Strophen wird zunächst dargestellt, wie die Stadt und ihre Umgebung wirken. Strand und Meer werden als eintönig grau beschrieben, an Geräuschen ist nur das gleichbleibende Rauschen des Meeres zu hören. Auch die Natur in der Umgebung hat wenig Einladendes, weil Pflanzen- und Tierwelt fast völlig fehlen.
In der dritten und letzten Strophe ändert sich dieser Eindruck. Hier äußert der lyrische Sprecher seine Zuneigung zu der Stadt, mit der er schöne Erinnerungen an seine Jugend verbindet. Trotz ihrer ungastlichen und freudlosen Ausstrahlung empfindet er die Stadt als liebenswert.

Ü 29: „Terminator mit menschlichem Antlitz“ – Inhaltsangabe zu einem Sachtext

In der Reportage „Terminator mit menschlichem Antlitz“ von Florian Falzeder, erschienen am 21.10.2013 in der Tageszeitung *taz*, stellt der Verfasser Menschen vor, die sich als sogenannte Cyborgs ansehen. Einige von ihnen treffen sich regelmäßig in Räumen des Berliner Hackervereins „c-base“, um sich auszutauschen. Der Verfasser nimmt ein solches Treffen zum Anlass, um sich mit den Teilnehmern über ihre Erfahrungen und Ziele zu unterhalten.
Falzeder erklärt, dass der Begriff „Cyborg“ aus der Raumfahrt stammt. Ursprünglich bezog er sich auf Menschen, die nach den Vorstellungen von Wissenschaftlern mithilfe von Technik so umgestaltet werden, dass sie im Weltraum überleben könnten. Heute versteht man unter Cyborgs Menschen, die ihren Körper mit technischen Geräten ausstatten bzw. aufrüsten, um ihre Leistungsfähigkeit im Alltag zu steigern.
Drei solcher Cyborgs stellt der Verfasser vor: den Amerikaner Tim Cannon, der seine Sinneserfahrungen mithilfe von implantierten Chips und Magneten erweitert, die Programmiererin Rin Räuber, die ebenfalls einen Magneten in der Fingerspitze trägt und seitdem elektromagnetische Felder spüren kann, und den Gründer der deutschen Cyborg-Treffen Enno Park, der wieder hören kann, seit ihm ein Cochlea-Implantat eingepflanzt wurde. Einige Cyborgs

wollen sich also durch die technischen Geräte, die sie in ihre Körper integrieren, perfektionieren, andere gleichen damit einen körperlichen Mangel aus. Falzeder erinnert daran, dass das Thema der Verschmelzung von Mensch und Maschine schon häufig in Form von Science-Fiction-Werken aufgegriffen und viel darüber diskutiert worden sei. Enno Park will diese Diskussionen ins Positive rücken: Den Terminators, die in Hollywood-Filmen als gefährliche Kampfmaschinen dargestellt sind, sollen Cyborgs mit menschlichem Antlitz entgegengesetzt werden, um die Auseinandersetzung rund um alltägliche Technik im menschlichen Körper anzuregen. Park hält das für nötig, weil viele Menschen bereits Cyborgs seien, ohne sich dessen bewusst zu sein, etwa Personen mit Herzschrittmacher oder Prothesen.

Ü 30: Helga M. Novak „Schlittenfahren" – Die Analyse eines epischen Textes vorbereiten

a) **Schlittenfahren**	*Überschrift doppeldeutig: 1. Spiel der Kinder, 2. schimpfen*
Das Eigenheim steht in einem Garten. Der Garten ist groß.	*gute Wohnsituation, wohlhabend?*
Durch den Garten fließt ein Bach. Im Garten stehen	*idyllisch oder gefährlich?*
zwei Kinder. Das eine der Kinder kann noch nicht sprechen.	*nicht mal zwei Jahre alt*
Das andere Kind ist größer. Sie sitzen auf einem Schlitten.	*nur ein Schlitten*
Das kleinere Kind weint. Das größere sagt, gib den Schlitten her.	*Streit um den Schlitten*
Das kleinere weint. Es schreit.	*wütend, hilflos*
Aus dem Haus tritt ein Mann. Er sagt, wer brüllt, kommt rein. Er geht in das Haus zurück. Die Tür fällt hinter ihm zu.	*Mann = Vater: fragt nicht nach Gründen, macht seine Drohung nicht wahr*
Das kleinere Kind schreit.	*Streit geht weiter*
Der Mann erscheint wieder in der Haustür. Er sagt, komm rein. Na wird's bald. Du kommst rein. Wer brüllt, kommt rein.	*Vater wiederholt seine Drohung*
Komm rein.	
Der Mann geht hinein. Die Tür klappt.	*macht Drohung wieder nicht wahr*
Das kleinere Kind hält die Schnur des Schlittens fest. Es schluchzt.	*kein lautes Schreien mehr → nicht trotzig, sondern traurig*
Der Mann öffnet die Haustür. Er sagt, du darfst Schlitten fahren,	*schluchzendes Kind rührt ihn?*
aber nicht brüllen. Wer brüllt, kommt rein.	*wiederholt Drohung*
Ja. Ja. Jaaa. Schluss jetzt.	
Das größere Kind sagt, Andreas will immer allein fahren.	*größeres Kind ohne Namen, fühlt sich ungerecht behandelt*
Der Mann sagt, wer brüllt, kommt rein. Ob er nun An-	*Vater desinteressiert,*

dreas heißt oder sonstwie. Er macht die Tür zu.	*wiederholt nur seine Drohung, kümmert sich nicht*
Das größere Kind nimmt dem kleineren den Schlitten weg.	*will auch mal allein rodeln*
Das kleinere Kind schluchzt, quietscht, jault, quengelt.	*hilflos und wütend*
Der Mann tritt aus dem Haus. Das größere Kind gibt dem kleineren den Schlitten zurück.	*größeres Kind will Ärger vermeiden*
Das kleinere Kind setzt sich auf den Schlitten. Es rodelt.	*wahrscheinlich zufrieden*
Der Mann sieht in den Himmel. Der Himmel ist blau.	*schöner Wintertag*
Die Sonne ist groß und rot. Es ist kalt.	*rot: Signalfarbe für Gefahr*
Der Mann pfeift laut. Er geht wieder ins Haus zurück. Er macht die Tür hinter sich zu.	*Vater gut gelaunt, denkt, alles sei ok*
Das größere Kind ruft, Vati, Vati, Vati, Andreas gibt den Schlitten nicht mehr her.	*beschwert sich, sucht Unterstützung*
Die Haustür geht auf. Der Mann steckt den Kopf heraus. Er sagt, wer brüllt, kommt rein. Die Tür geht zu.	*kommt nicht einmal mehr vor die Tür zur Wiederholung der Drohung*
Das größere Kind ruft, Vati, Vativativati, Vaaatiii, jetzt ist Andreas in den Bach gefallen.	*in Panik, ruft um Hilfe*
Die Haustür öffnet sich einen Spalt breit.	*nur noch einen Spalt breit!*
Eine Männerstimme ruft, wie oft soll ich das noch sagen, wer brüllt, kommt rein.	*wiederholt seine Drohung → hat Situation nicht verstanden*

Quelle: Helga M. Novak: Schlittenfahren. In: Dies.: Aufenthalt in einem irren Haus. Gesammelte Prosa. Frankfurt a. M.: Schöffling & Co. Verlagsbuchhandlung GmbH 1995, S. 82 f.

b) Als besondere **sprachliche Mittel** solltest du erkannt haben:

- einfache Wortwahl: „Haus“, „Kind“, „Tür“, „Mann“ …; Ausnahme: „Eigenheim“
- viele kurze einfache Hauptsätze, unverbunden aufeinanderfolgend
- viele Wortwiederholungen: „Garten“ (viermal in Z. 1–3), „Kind“, „Schlitten“, „Mann“
- Wiederholungen, viele ähnliche Satzanfänge: „Der Mann …“, „Das kleinere Kind …“, „Das größere Kind …“
- Wortfeld „schreien“: weinen, schreien, brüllen, schluchzen, quietschen, jaulen, quengeln, rufen

Wirkung: monoton, einfach, kühl, nüchtern, gefühllos, unlebendig

Hinweis: *Du könntest außerdem anmerken, dass die wörtliche Rede nicht durch Anführungszeichen gekennzeichnet ist. Auch das trägt dazu bei, dass die Darstellung starr, unlebendig und kühl wirkt.*

c) **Schreibplan**

Einleitung Basisinformationen	Kurzgeschichte „Schlittenfahren“ von Helga M. Novak Wann: an einem schönen Wintertag Wo: im eigenen Garten Wer: zwei kleine Kinder, Vater Was: Unfall eines der Kinder beim Schlittenfahren
Hauptteil, Teil 1 Inhaltsangabe	• Kinder streiten sich um Schlitten • Vater fühlt sich wiederholt durch den Lärm belästigt • tritt mehrmals vors Haus, ermahnt Kinder zur Ruhe, droht („Wer brüllt, kommt rein.“) • geht zurück ins Haus • Streit zwischen Kindern hält an • kleineres Kind fällt mit Schlitten in den Bach • Vater bemerkt Gefahr nicht • fühlt sich weiter belästigt, geht ins Haus zurück
Hauptteil, Teil 2 Deutende Aussagen zum Text	• Spielsituation gefährlich für Kinder (Bach!) • ein Kind noch sehr klein (kann noch nicht sprechen) • nur ein Schlitten für zwei Kinder → Streit • Vater durch Lärm gestört, aber desinteressiert: fragt nicht nach Grund für den Streit • droht bei weiterem Geschrei mit dem Ende des Spiels im Garten, aber inkonsequent: macht Drohungen nicht wahr • verantwortungslos: kümmert sich nicht um die Kinder • Vater unterstützt kleines Kind, größeres Kind fühlt sich ungerecht behandelt • Vater wiederholt Drohung, wieder ohne Konsequenz • älteres Kind sucht Unterstützung (3× „Vati“-Ruf) • Vater fragt nicht nach dem Grund, steckt nur noch Kopf durch die Tür und wiederholt Drohung • älteres Kind ruft um Hilfe (5× „Vati“-Ruf) • Vater genervt, öffnet Tür nur noch einen Spalt breit und wiederholt sich → zeigt kein echtes Interesse
Zwischenergebnis und Überschrift	• Ausgang offen: Rettung des kleinen Kinds unklar • Vater verantwortungslos • Überschrift doppeldeutig: 1. Spiel der Kinder, 2. „mit jemandem Schlitten fahren“ = ausschimpfen

Hauptteil, Teil 3 Besonderheiten der sprachlichen Gestaltung	• Wortwahl: einfach, fast naiv („Haus“, „Schlitten“, „Garten“) • „Eigenheim“: passt nicht zur sonstigen Wortwahl • viele Synonyme für „brüllen“: „rufen“, „quengeln“, „jaulen“, „schreien“, „schluchzen“, „quietschen“ • kurze Sätze, ohne verbindende Konjunktionen oder Adverbien aneinandergereiht • viele Wortwiederholungen und Wiederholungen der Satzanfänge • wörtliche Rede nicht gekennzeichnet • Erzählperspektive: auktorialer Erzähler → Sprache und Darstellung wirken kühl, nüchtern, monoton, gefühllos: passt zum Verhalten des Vaters
Schluss	Kritik an der Gesellschaft: Materielles wichtiger als Menschen, Gefühlskälte, Desinteresse an Kindern → unter Umständen (lebens-)gefährlich

Ü 31: Helga M. Novak „Schlittenfahren“ – Analyse eines epischen Textes

Einleitung: *Basisinformationen: Textsorte, Titel, Autorin, Thema*

Die Kurzgeschichte „Schlittenfahren“ von Helga M. Novak erzählt von zwei Geschwistern, die an einem schönen Wintertag im Garten Schlitten fahren. Dabei verunglückt das kleinere Kind, indem es in einen Bach stürzt.

Hauptteil, 1. Teil: *Inhaltsangabe: zusammenfassende Darstellung des Handlungsverlaufs*

Die Geschwister haben zu zweit nur einen Schlitten. Da jedes von ihnen alleine rodeln will, geraten sie immer wieder in Streit. Das jüngere Kind, das noch nicht sprechen kann, äußert seinen Unmut durch Weinen und Schreien. Immer wenn aus dem Garten Geschrei zu hören ist, erscheint der Vater der beiden an der Haustür. Ohne nach Gründen zu fragen, ermahnt er die Kinder jedes Mal, still zu sein – andernfalls, so droht er, müssten sie ins Haus kommen. Allerdings macht der Mann seine Drohungen nicht wahr. Auch als das ältere Kind schließlich um Hilfe ruft, weil sein kleiner Bruder in den Bach gefallen ist, wiederholt der Vater lediglich seine Drohung, in der Annahme, dass die Kinder bloß wieder streiten.

Hauptteil, 2. Teil: *Deutende Aussagen mit Textbelegen und Erläuterungen:*

Vater erkennt Gefahr nicht

Der Vater hat offenbar nicht verstanden, dass sich sein jüngerer Sohn am Ende in Lebensgefahr befindet. Auf das Schreien aus dem Garten reagiert er immer gleich, nämlich mit der gleichgültig geäußerten Drohung: „Wer brüllt, kommt rein.“ Insgesamt sechsmal spricht er sie aus (Z. 8 f., 13 f., 20, 23, 39, 43 f.).

Dabei steigert sich sein achtloses Verhalten im Verlauf der Handlung: Während der Vater anfangs noch vors Haus tritt (vgl. Z. 16, Z. 29), steckt er später nur noch „den Kopf heraus" (Z. 38 f.), bis sich schließlich die Tür nur noch „einen Spalt breit" (Z. 42) öffnet. Deshalb merkt er auch nicht, dass sein älteres Kind am Schluss panisch um Hilfe ruft.

→ zunehmend gleichgültig

Dabei klingt das Lärmen der Kinder durchaus unterschiedlich: Mal heißt es, dass das kleine Kind „schreit" (Z. 7), an anderer Stelle heißt es, dass es „schluchzt" (Z. 18), und an wieder einer anderen Stelle verwendet der Erzähler gleich mehrere Verben – „schluchzen", „quietschen", „jaulen" und „quengeln" (vgl. Z. 27 f.) – um die Wut und Hilflosigkeit des kleinen Kindes zum Ausdruck zu bringen. Dagegen bezeichnet er die Äußerungen des größeren Kindes mit dem Verb „rufen" (Z. 36, 40). Für den Vater ist der Lärm, der von den Kindern ausgeht, aber immer der gleiche. Das ist auch daran zu erkennen, dass er ihn stets gleich bezeichnet, nämlich als „Brüllen". Dass er die Äußerungen seiner Kinder nicht unterscheidet, spricht dafür, dass er kaum hinhört. Er scheint also an seinen Kindern und ihrem Treiben nicht sonderlich interessiert zu sein.

Lärm der Kinder klingt unterschiedlich,

aber für Vater immer gleich

→ desinteressiert

Sein Desinteresse zeigt sich auch darin, dass er niemals nach den Gründen für die Aufregung der Kinder fragt. Da ihr Geschrei bei genauem Hinhören ganz unterschiedlich klingt, müsste dem Vater eigentlich klar sein, dass es dafür auch verschiedene Anlässe geben muss. Doch auch das nimmt er anscheinend nicht wahr.

Gründe für Schreien werden nicht hinterfragt

Dabei sollte ihn der Streit nicht verwundern, denn die Kinder haben zu zweit nur einen Schlitten, und das, obwohl sie verschieden alt sind: Da das kleine Kind noch nicht einmal sprechen kann, dürfte es kaum zwei Jahre alt sein. Das größere Kind muss dagegen schon um einiges älter sein, denn es kann die Gefahr, in die sein kleiner Bruder am Ende geraten ist, richtig einschätzen. Dass es nicht friedlich zugeht, wenn sich die Kinder beim Rodeln mit dem Schlitten abwechseln sollen, hätte der Erwachsene also vorhersehen und verhindern können. Zumindest scheint es keine finanziellen Gründe dafür zu geben, dass kein zweiter Schlitten vorhanden ist, denn die Eltern sind wohlhabend genug, um sich ein eigenes Haus zu leisten. Das lässt der Erzähler den Leser gleich zu Anfang des Textes wissen (vgl. Z. 1).

unverständlich: Warum nur ein Schlitten für zwei Kinder?

→ Vater hätte Streit vermeiden können

Noch weniger ist es zu verstehen, dass der Vater die Kinder ganz alleine draußen spielen lässt. Die Situation im Garten ist

Gefahr durch Bach im Garten

durchaus gefährlich, weil ein Bach hindurchfließt (vgl. Z. 2). Kleine Kinder dürfte man dort also nicht unbeaufsichtigt rodeln lassen. Dieses Verhalten ist verantwortungslos.

→ verantwortungslos

Der Vater hat das Wohl seiner Kinder nicht im Auge. Er sieht offenbar keine Notwendigkeit, sich um sie zu kümmern. Wichtig scheint ihm stattdessen nur zu sein, dass er seine Ruhe hat. Darin zeigt sich sein Egoismus. Außerdem ist er als Erzieher inkonsequent, da er immer nur leere Drohungen ausspricht, die keine Folgen haben. So ist es verständlich, dass die Kinder nicht auf ihn hören und sich immer weiter streiten.

Vater will nur seine Ruhe

→ egoistisch und inkonsequent

Ob das kleine Kind aus seiner lebensgefährlichen Lage gerettet wird, bleibt offen. So lässt die Geschichte den Leser in dieser Hinsicht ratlos zurück. Deutlich wird aber, dass der Vater für sein Verhalten zu verurteilen ist, da er nur an sich denkt und nicht an das Wohlergehen seiner Kinder.

Zwischenergebnis:
Ausgang der Handlung offen, Verhalten des Vaters zu verurteilen

Auch die Doppeldeutigkeit der Überschrift „Schlittenfahren“ passt hierzu: Während die Kinder fröhlich mit dem Schlitten im Schnee spielen wollen, zeigt sich ihr Vater ungeduldig und böse, indem er mit ihnen – entsprechend der Redensart – „Schlitten fährt“, also mit ihnen schimpft. Ein verständnisvoller Vater ist er nicht.

Deutung der Überschrift

Der auktoriale Erzähler äußert jedoch an keiner Stelle direkte Kritik an dem Erwachsenen. Geradezu unterkühlt erzählt er das Geschehen: Er verwendet gehäuft einfache Wörter aus der Alltagssprache (z. B. „Garten“, Z. 1 f., „Tür“, Z. 9, 16, 25, „Kind“, Z. 4–6, 11, „Mann“, Z. 8, 12, 16). Und auch der Satzbau ist sehr einfach: Es gibt nur Hauptsätze, die nicht einmal durch Konjunktionen oder Adverbien miteinander verbunden sind. So wirkt die Darstellung monoton und fast etwas lieblos – worin sich die gleichgültige Haltung des Vaters widerspiegelt.

Hauptteil, 3. Teil:
Sprachliche Gestaltung: auktorialer Erzähler, keine direkte Kritik
Darstellung wirkt unterkühlt: einfache Wortwahl, monotoner Satzbau
→ lieblos, gleichgültig

Es gibt nur ein einziges Wort, das davon abweicht: das Wort „Eigenheim“ (Z. 1). Somit scheint es sich um einen Schlüsselbegriff zu handeln. Auf keinen Fall handelt es sich dabei um ein Wort aus der Alltagssprache. Eher kennt man es aus der Werbung für Immobilien. Möglicherweise soll es also darauf hindeuten, dass den Eltern Besitz – in diesem Fall der des eigenen Hauses – besonders wichtig ist.

Ausnahme in der Wortwahl: „Eigenheim“
→ Schlüsselbegriff

Man kann die Kurzgeschichte also als Kritik an all denen deuten, für die Materielles größere Bedeutung hat als das Wohlergehen von Menschen, insbesondere das von Kindern, denen die Erwachsenen oft nicht einmal richtig zuhören. Dass diese Haltung geradezu gefährlich sein kann, zeigt die Geschichte.

Schluss:
Ergebnis:
Kritik: Materielles wichtiger als Wohlergehen der Kinder

Ü 32: Peter Fox „Das zweite Gesicht" – Analyse eines lyrischen Textes

Einleitung:
Basisinformationen: Textsorte, Titel, Autor, Erscheinungsjahr und Thema

In dem aus dreizehn Strophen bestehenden Songtext „Das zweite Gesicht" von Peter Fox, erschienen im Jahr 2008, spricht das lyrische Ich ein unbekanntes Gegenüber an und macht sich dabei Gedanken über eine düstere Seite von dessen Persönlichkeit. Diese zeigt sich immer wieder in Form von unkontrolliertem und schädigendem Handeln.

Hauptteil, 1. Teil:
Inhaltsangabe:

Aus Erfahrung weiß der Angesprochene, dass er selbst dazu neigt, seine Aggressionen an anderen auszulassen, auch wenn er das im Grunde gar nicht will. Es genügt, dass jemand ihm mit seinen Ansichten oder seinem Verhalten in die Quere kommt, und schon kann die Person sich nicht mehr zurückhalten. Dem Betreffenden ist klar, dass er sich selbst und seinen Mitmenschen damit schadet, und schon am nächsten Tag bereut er es, wenn er wieder einmal die Kontrolle über sich verloren hat. Trotzdem kann er sich nicht beherrschen und hat sich deshalb damit abgefunden, dass es etwas Böses in ihm gibt, das nach außen drängt. Das bezeichnet die Person als „zweites Gesicht".

Problem mit der Kontrolle von Aggressionen

Böses drängt nach außen

Hauptteil, 2. Teil:
Deutende Aussagen mit Textbelegen und Erläuterung:
Gründe für das Verhalten

In den ersten Strophen beschreibt der lyrische Sprecher, wie es dazu kommt, dass der Betreffende gegenüber einer anderen Person aggressiv wird: Es passt ihm nicht, was diese tut oder sagt („Gleich geht jemand hier zu weit", V. 2). Er merkt dann, wie er wütend wird: „Die Stimme bebt und der Blick ist Eis" (V. 1), und schließlich schleudert er seinem Gegenüber böse Worte entgegen („Die Zunge ist geladen und bereit / Die Wörter von der Leine zu lassen [...]", V. 3 f.).

Folgen des Verhaltens

Eine Zeitlang geht es dem Angreifer gut, wenn er dem anderen seine Meinung gesagt hat („Du triumphierst", V. 7). Doch er weiß auch: Schon am nächsten Tag wird es ihm leid tun, dass er jemanden verletzt hat (vgl. V. 8).

Bewertung der Anlässe als Nichtigkeiten

Das lyrische Ich macht deutlich, dass es in der Regel Nichtigkeiten sind, die den Angesprochenen derart aufbringen („Hahnenkampf um einen Haufen Mist", V. 9). Entscheidend ist für ihn aber, sich als Sieger zu fühlen („Einem Dummen zeigen, dass du schlauer bist", V. 12).

Refrain-Strophen: aggressives Verhalten als böses Tier, das in einem steckt

In den Strophen vier, fünf und sechs, die am Schluss des Songtextes noch einmal als Refrain wiederholt werden, wird das aufbrausende Verhalten bildhaft so dargestellt, als gäbe es ein böses Tier („Ein Biest", V. 17), das in dem Betreffenden steckt. Normalerweise hat die Person dieses „Biest" unter Kontrolle; es ist in einem Käfig eingeschlossen. Doch irgendwann drängt es nach draußen, und die Käfigtür öffnet sich (vgl. V. 15). Dies geschieht Tag für Tag, das ganze Leben lang („Vom Laufstall bis ins Grab“, V. 20).

Situationen, in denen die Aggression vorkommt

In den folgenden Strophen nennt der lyrische Sprecher weitere Beispiele dafür, wann dies vorkommen kann: Sobald die Person sich von anderen daran gehindert sieht, ihren Willen durchzusetzen oder den von ihr gewünschten Weg zu verfolgen (vgl. V. 25 f.), dringt das Böse nach außen. Wenn derjenige das Gefühl hat, jemand verhindere sein Glück („Jemand steht zwischen dir und deinem Glück“, V. 27), hält er das nicht aus und es macht ihn „rasend“ (V. 28). Neben Wutausbrüchen und verbalen Entgleisungen kommt es auch vor, dass der Betreffende sich falsch verhält, um sich Vorteile zu verschaffen. Beispielsweise belügt oder betrügt er andere, um nicht als Verlierer dazustehen („Du spielst falsch, um nicht zu verlieren“, V. 33), oder er geht sogar mit der Frau des Freundes fremd („Die Frau deines Freundes kommt mit zu dir“, V. 36).

Einsicht in das Fehlverhalten

Dabei sind dem Angesprochenen die eigenen aggressiven Ausbrüche durchaus bewusst („Du guckst dir zu und du hörst dich reden“, V. 29) und er merkt, dass sie nicht richtig sind, sondern „sensationell daneben“ (V. 30). Auch schadet er mit diesem Verhalten nicht nur anderen, die er zu Opfern macht, sondern letztendlich ebenso sich selbst („Du siehst die Wand und fährst dagegen“, V. 32). Er gesteht sich sogar ein, dass er sich selbst etwas vormacht, wenn er feiert, „als wär nix passiert“ (V. 34). Doch das hindert ihn nicht daran, sich so zu verhalten. Der lyrische Sprecher beurteilt das so: „Dein Gewissen ist betrunken“ (V. 35).

Zwischenergebnis:
Eingeständnis: schlechte Seiten sind nicht unter Kontrolle

Trotz dieser Einsichten in das Fehlverhalten hat die Person die negativen Tendenzen in sich also nicht unter Kontrolle. Sie hat sich damit abgefunden, zwei Gesichter zu haben: ein gutes und ein schlechtes. Am Schluss bringt der lyrische Sprecher das auf den Punkt: „Ein Biest lebt in deinem Haus / Du schließt es ein, es bricht aus“ (V. 42 f.).

zusammengefasst in der letzten Strophe

Die letzte Strophe fasst die Gedanken des lyrischen Ichs damit noch einmal wie ein Ergebnis zusammen. Das wird auch daran deutlich, dass diese Strophe verkürzt ist: Während die anderen zwölf Strophen durchgängig aus vier Versen bestehen, ist die letzte Strophe auf zwei Verse verknappt. Dadurch werden die Schlussworte zusätzlich hervorgehoben.

Hauptteil, 3. Teil:

Der lyrische Sprecher verwendet für seine Darstellung des Problems oft sprachliche Bilder, meistens Metaphern. Schon die Vorstellung, auf der der gesamte Text aufbaut, ist eine solches Sprachbild: das „Biest“ (V. 17), das in einer Person steckt und das nicht dauerhaft in einem Käfig gehalten werden kann. Daneben gibt es weitere Metaphern, z. B. die „Pfeilspitzen voller Gift“ (V. 5), die für Angriffe stehen. Eine Metapher ist auch der Versuch, „vom Gas zu gehen“, welcher nicht gelingt, weil der Fuß „grad gelähmt“ (V. 31) ist, womit ausgedrückt werden soll, dass die Person versucht, an sich zu halten, was sie aber nicht schafft, weil sie keine Kontrolle über sich hat. Hinzu kommen auch einige Personifikationen, z. B. der Zunge, die „geladen“ ist und „bereit / Die Wörter von der Leine zu lassen“ (V. 3 f.). Mit solchen Sprachbildern veranschaulicht der lyrische Sprecher seine Gedanken. Sie alle verstärken das Bild eines Getriebenen, der nicht anders handeln kann.

Sprachliche Gestaltung: viele Sprachbilder: Metaphern

Personifikationen

→ Veranschaulichung, Unterstützung des dargestellten Inhalts

Geprägt ist der Songtext auch durch die Gegenüberstellung von Gegensätzen (z. B.: „Du schließt es ein, es bricht aus“, V. 22, oder: „Du willst nach vorn, die anderen wollen zurück“, V. 25). Diese Gegensätze machen deutlich, dass der Angesprochene hin- und hergerissen ist, zum einen zwischen den beiden „Gesichtern“, die er in sich spürt, zum anderen zwischen seinen Vorstellungen und Wünschen und den Hindernissen, die sich ihm in den Weg stellen.

Gegensätze

→ Verdeutlichen des Hin-und-Hergerissen-Seins

Zwar wird durchgehend das Anredepronomen „du“ (z. B. V. 7, 11, 14) verwendet. Dennoch entsteht der Eindruck, der lyrische Sprecher meine eigentlich sich selbst. So wirkt der Song wie ein Selbstgespräch, das der lyrische Sprecher mit sich führt. Auch das passt wiederum zur Vorstellung von einem „zweiten Gesicht“, also einer zwiegespaltenen Person.

Anrede „du“

→ wie Selbstgespräch, Ansprache des „zweiten Gesichts“

Weil er Tag für Tag den Kampf gegen dieses ungeliebte „zweite Gesicht“ austrägt, kommt der lyrische Sprecher nicht zur Ruhe. Dabei hat er längst begriffen, dass er nicht gewinnen kann. Immer wieder fährt er sehenden Auges ‚gegen die Wand‘ (vgl. V. 32), wissend, dass er sich dadurch andere zum Feind macht (vgl. V. 4), und bereit, sie zu „opfern“, und sei es auch nur „für einen lauen Witz“ (V. 10).

Schluss:

Ergebnis: vergeblicher Kampf gegen das „Biest“ zum Schaden von anderen und von sich selbst

Doch auch der Leser oder Hörer kann sich durch das „Du“ im Text angesprochen fühlen. Dass Peter Fox mit diesem Song so erfolgreich war, bestätigt, dass sich offenbar viele Menschen mit den Gedanken des lyrischen Sprechers identifizieren können. Sie haben verstanden, dass wohl jeder in seinem Inneren ein „zweites Gesicht“ hat, also nicht nur gute, sondern auch schlechte Eigenschaften in sich trägt.

auch Verallgemeinerung: „du“ = jeder

→ alle haben gute und schlechte Seiten in sich

Ü 33: „Terminator mit menschlichem Antlitz“ – Analyse eines Sachtextes

__Einleitung:__ Basisinformationen: Textsorte, Titel, Verfasser, Quelle und Thema

In der Reportage „Terminator mit menschlichem Antlitz“ von Florian Falzeder, erschienen am 21. 10. 2013 in der Tageszeitung „taz“, stellt der Verfasser Menschen vor, die sich als Cyborgs ansehen. Einige von ihnen treffen sich regelmäßig in Räumen des Berliner Hackervereins „c-base“, um sich auszutauschen. Der Verfasser nimmt ein solches Treffen zum Anlass, um sich mit den Teilnehmern über ihre Erfahrungen und Ziele zu unterhalten.

__Hauptteil, 1. Teil:__ Inhaltsangabe: Herkunft und Bedeutung des Begriffs „Cyborg“

Falzeder erklärt, dass der Begriff „Cyborg“ aus der Raumfahrt stammt. Ursprünglich bezog er sich auf Menschen, die nach den Vorstellungen von Wissenschaftlern mithilfe von Technik so umgestaltet werden, dass sie im Weltraum überleben könnten. Heute versteht man unter Cyborgs Menschen, die ihren Körper mit technischen Geräten ausstatten bzw. aufrüsten, um ihre Leistungsfähigkeit im Alltag zu steigern.

Vorstellen dreier Cyborgs (Beispiele)

Drei solcher Cyborgs stellt der Verfasser vor: den Amerikaner Tim Cannon, der seine Sinneserfahrungen mithilfe von implantierten Chips und Magneten erweitert, die Programmiererin Rin Räuber, die ebenfalls einen Magneten in der Fingerspitze trägt und seitdem elektromagnetische Felder spüren kann, und den Gründer der deutschen Cyborg-Treffen Enno Park, der wieder hören kann, seit ihm ein Cochlea-Implantat eingepflanzt wurde.

Gründe für die technische Aufrüstung des eigenen Körpers

Einige Cyborgs wollen sich also durch die technischen Geräte, die sie in ihre Körper integrieren, perfektionieren, andere gleichen damit einen körperlichen Mangel aus.

Thema schon häufig künstlerisch behandelt und viel diskutiert

Falzeder erinnert daran, dass das Thema der Verschmelzung von Mensch und Maschine schon häufig in Form von Science-Fiction-Werken aufgegriffen und viel darüber diskutiert worden sei.

„Menschliche Cyborgs“ als Gegenpol zu „Kampfmaschinen“ aus Filmen

Enno Park will diese Diskussionen ins Positive rücken: Den Terminators, die in Hollywood-Filmen als gefährliche Kampfmaschinen dargestellt sind, sollen Cyborgs mit menschlichem Antlitz entgegengesetzt werden, um so die Auseinandersetzung rund um alltägliche Technik im menschlichen Körper anzuregen.

Ziel: Auseinandersetzung mit alltäglicher Technik im Körper

Park hält das für nötig, weil viele Menschen bereits Cyborgs seien, ohne es zu wissen, etwa Personen mit Herzschrittmacher oder Prothesen.

__Hauptteil, 2. Teil:__ Textsorte und Textaussage:

Der Text weist typische Merkmale einer Reportage auf: Der Verfasser greift drei Teilnehmer des Cyborg-Treffens heraus, um an ihnen beispielhaft darzustellen, welche Interessen sie verfolgen. Zwischendurch vermittelt er dem Leser durch allgemeine Erläuterungen Hintergrundwissen zum Thema. Typisch für eine Reportage ist auch, dass die Darstellung der Inhalte im Präsens erfolgt. Mehrmals werden zudem Äußerungen der drei vorgestellten Cyborgs wiedergegeben, entweder wortwörtlich (vgl. Z. 1, 5–8, 58 f., 65–67, 94–96) oder in Form von indirekter Rede (vgl. Z. 36–41, 83–88).

Merkmale einer Reportage: Wechsel von Beispielen u. Hintergrundwissen, Zeitform Präsens, direkte und indirekte Rede

Etwa in der Mitte des Textes formuliert Falzeder eine entscheidende Frage: „In welche Richtung soll die Verschmelzung von Mensch und Maschine gehen?“ (Z. 46–48) Allerdings ist nicht zu erkennen, dass er eine Antwort darauf bekommen hat. Die Teilnehmer des Treffens sind sich nur darin einig, dass Cyborgs „längst Realität“ (Z. 48) seien.

zentrale Frage

Eine besondere Rolle kommt dem Amerikaner Tim Cannon zu, der nicht nur als Erster im Artikel vorgestellt wird (vgl. Z. 1–12 und 19–26), sondern der von den Berliner Cyborgs auch in seiner Entwicklung bereits am weitesten fortgeschritten ist, d. h. die meiste Technik im Körper trägt (vgl. Z. 20–24). Dazu passt, dass Cannon als Cyborg mit dem am weitesten reichenden Ziel beschrieben wird: Er sehnt sich offenbar nach Unsterblichkeit (vgl. Z. 1, 4).

Beispiel Tim Cannon: trägt die meiste Technik im Körper

Ziel: Unsterblichkeit

Danach wendet sich Falzeder Enno Park zu. Von ihm erhält er die Hauptinformationen zum Thema. Das zeigt sich zum einen darin, dass der Autor sich mehrfach auf ihn bezieht (vgl. Z. 36–38 und 53–61), zum anderen darin, dass er seinen Artikel mit einem Zitat Parks beschließt (vgl. Z. 94–96). Die Erkenntnis, ein Cyborg zu sein, hat Park gewonnen, nachdem ihm ein Cochlea-Implantat eingepflanzt wurde (vgl. Z. 58 f.). Durch dieses hat sich Parks Lebensqualität entscheidend verbessert, denn er kann jetzt wieder hören und ganz normal am öffentlichen Leben teilnehmen. Falzeder ergänzt diese Ausführungen durch den Hinweis, dass in Deutschland schon weitere 30 000 Menschen Cochlea-Implantate tragen.

Beispiel Enno Park: liefert die wesentlichen Informationen

trägt ein Cochlea-Implantat

Verbesserung der Lebensqualität durch Technik

Etwas beiläufig wendet sich der Verfasser anschließend seiner dritten Gesprächspartnerin zu, der Programmiererin Rin Räuber (vgl. Z. 63–73). Sie ist ein Beispiel dafür, wie die Ausstattung des Körpers mit Technik es ermöglicht, „eine sonst unsichtbare Welt“ (Z. 72) wahrzunehmen. Denn mit ihrem Magneten in der Fingerspitze spürt sie jedes Mal ein Vibrieren, wenn sie sich elektromagnetischen Feldern nähert.

Beispiel Rin Räuber: Erweiterung der Wahrnehmung durch Magnet im Körper

Für den Autor scheint klar zu sein, dass sich die Cyborgs erst am Anfang einer Entwicklung befinden. Das bringt er mit einigen Sprachbildern zum Ausdruck. Besonders gut zu erkennen

Hauptteil, 3. Teil: *Sprachliche Gestaltung:*

ist das bei der Beschreibung des Amerikaners Tim Cannon: Der sehe sich auf dem „Weg zur Unsterblichkeit" (Z. 4), habe dabei jedoch „ein Hindernis zu überwinden" (Z. 5), arbeite daran „Schritt für Schritt" (Z. 9 f.), bleibe dabei aber „auf dem Boden" (Z. 19).

Sprachbilder

Auch mit seiner Wortwahl macht der Verfasser darauf aufmerksam, dass die Teilnehmer des Cyborg-Treffens sich noch in einer Art Versuchsstadium befinden: Sie selbst nennen sich „Body-Hacker" (vgl. Z. 24 f., 40 f.), Falzeder bezeichnet sie als „Bastler" (Z. 25) und beschreibt ihr Experimentieren als ein „Spiel mit dem eigenen Körper" (Z. 75 f.).

Wortwahl

Auf diese Weise macht der Autor in seinem Artikel deutlich, dass eine echte und sinnvolle Verschmelzung von Mensch und Maschine bis jetzt noch eine Zukunftsvorstellung ist. Das spiegelt sich auch in seiner Beschreibung des Treffpunkts der Cyborgs wider: Dieser sieht aus wie eine Raumstation, die „durch einen Zeitreiseunfall vor viereinhalb Milliarden Jahren auf der Erde bruchlandete" (Z. 31–33). Mit diesem bewusst übertriebenen Vergleich kommt zum Ausdruck, dass es wohl noch eine sehr lange Zeit dauern wird, bis die Cyborgs bahnbrechende Fortschritte erzielt haben werden.

anschauliche Beschreibung, bildhafter Vergleich, Übertreibung

Mit einer Gegenüberstellung bringt der Verfasser das im vorletzten Absatz schließlich auf den Punkt: Er sagt, der „Bastler-Realität" (Z. 74 f.) stehe ein „riesiger Science-Fiction-Kosmos gegenüber" (Z. 77 f.). So verweist er darauf, dass man sich schon seit Langem die vielfältigsten Maschinenmenschen vorstellt, dass die bisher erreichten Ergebnisse mit diesen Fantasien aber noch lange nicht mithalten.

Gegenüberstellung

→ Entwicklung noch im Versuchsstadium, Fantasie und Realität klaffen (noch) auseinander

Dass der Verfasser die Aktivitäten und Ideen der Cyborgs trotzdem ernst nimmt, zeigt er einerseits durch seine vielseitige Darstellung, andererseits dadurch, dass er Enno Park die Schlussworte seines Artikels einräumt. So gibt Falzeder zu erkennen, dass er das Thema der Cyborg-Bewegung durchaus für diskussionswürdig hält – immerhin findet er es auch lohnenswert, seine Erkenntnisse darüber in einer Reportage festzuhalten, um so die Leser zu informieren.

Schluss:
Aktivitäten ernst zu nehmen, Bewegung diskussionswürdig

Ü 34: Friedrich Schiller „Der Verbrecher aus verlorener Ehre" – Eine literarische Figur charakterisieren

Einleitung: Vorstellen der Figur (Name, Familienverhältnisse, sozialer Status, Beruf)

Christian Wolf ist die Hauptfigur aus Friedrich Schillers Erzählung „Der Verbrecher aus verlorener Ehre". Er ist der Sohn eines Gastwirts und wächst in ärmlichen Verhältnissen auf. Nachdem sein Vater gestorben ist, hilft er bis zu seinem 20. Lebensjahr seiner Mutter in der Gastwirtschaft. Später wird er zum Wilddieb.

Aussehen

Schon als Kind wirkt er äußerlich hässlich. Seine Gestalt ist klein und unscheinbar (vgl. Z. 13), sein Haar ist stark gewellt und auffallend dunkel („krauses Haar von einer unangenehmen Schwärze", Z. 13 f.) und seine Gesichtszüge wirken missgestaltet: Er hat „eine plattgedrückte Nase und eine geschwollene Oberlippe" (Z. 15 f.). Letztere ist nach dem Schlag durch ein Pferd außerdem verzerrt („aus ihrer Richtung gewichen", Z. 18).

Hauptteil: Eigenschaften und Charakterzüge: Opfer von Spott; intelligent, einfallsreich; sensibel; frech

Durch seine Hässlichkeit wirkt er auf andere Menschen abstoßend, besonders auf Frauen. Er leidet unter seinem unschönen Äußeren, zumal er deshalb von seinen Kameraden gehänselt wird: Seine Erscheinung bietet „dem Witz seiner Kameraden eine reichliche Nahrung" (Z. 21 f.). Sein Geist ist aber munter und einfallsreich (vgl. Z. 11), außerdem ist er sensibel (vgl. Z. 25). Weil er es nicht erträgt, von anderen immer zurückgewiesen zu werden, versucht er durch freches Verhalten auf sich aufmerksam zu machen. Schon als Schuljunge hält man ihn „für einen losen Buben" (Z. 7 f.). Mit „seinem erfinderischen Kopfe" (Z. 11) beeindruckt er aber nur die Jungen. Die älteren Mädchen dagegen beklagen sich nur darüber (vgl. Z. 8 f.).

möchte gefallen; erfährt Zurückweisung; lässt sich nicht schnell entmutigen; geringes Selbstbewusstsein

Gerade dem anderen Geschlecht möchte Christian eigentlich gefallen, was ihm aber nicht gelingt. Als er ein Mädchen namens Hannchen umwirbt, weist diese ihn anfangs ab (vgl. Z. 26 f.). Aber er lässt sich nicht entmutigen und sucht nach einem anderen Weg, um sie für sich zu gewinnen. Weil er weiß, dass sie arm ist, will er sie durch Geschenke für sich einnehmen. Dieser Plan zeigt, wie gering Christian sich selbst einschätzt: Er weiß, dass er mit seinem Äußeren ihre Gunst nicht erlangt. Offenbar glaubt er aber auch nicht daran, die junge Frau durch seine Persönlichkeit und seinen Charakter für sich einnehmen zu können. Er hat also keine besonders hohe Meinung von sich selbst.

arm

Die Verwirklichung seines Plans ist allerdings schwierig, da er selbst arm ist („ihn selbst drückte Mangel", Z. 33). Sein vergebliches Bemühen darum, hübsch auszusehen („der eitle Versuch, seine Außenseite geltend zu machen“, Z. 33–35), hat seine finanzielle Lage noch verschlechtert. Weil er zudem geschäftlich unerfahren ist („unwissend, einem zerrütteten Hauswesen durch Spekulation aufzuhelfen“, Z. 37–39) und auch „zu stolz“ (vgl. Z. 39 f.), zu „bequem“ (Z. 37) und „zu weichlich“ (Z. 40), um sich seinen Lebensunterhalt durch harte Arbeit als Bauer zu verdienen, schlägt er einen illegalen Weg ein, indem er zum Wilddieb wird. Den Erlös des verkauften Wildes nutzt er, um davon Geschenke für Hannchen zu kaufen („der Ertrag seines Raubes wanderte treulich in die Hände seiner Geliebten“, Z. 49–51).

geschäftlich unerfahren

stolz, bequem, weich, nicht bereit, hart zu arbeiten

wird kriminell

Zwar ist er nicht der Einzige, der den „Ausweg, *honett zu stehlen*“ (Z. 46 f.) wählt, genauso machten es auch „Tausende vor ihm und nach ihm“ (Z. 44 f.). Durch die Intrigen eines Konkurrenten aber, der ebenfalls um Hannchen wirbt, wird Christian Wolf verhaftet und zu einer Gefängnisstrafe verurteilt. Diese verbüßt er jedoch nicht, sondern kauft sich frei. Damit ist er wieder arm, ein „Bettler“ (Z. 78), von dem Hannchen sich erneut abwendet.

Wilderei allgemein üblich

wird Opfer einer List

kauft sich von Gefängnisstrafe frei

wieder arm → erneute Zurückweisung

Aus Not, Eifersucht und gekränktem Stolz fängt er schließlich wieder an zu wildern. Diesmal ist das Motiv seines Handelns aber nicht, ein Mädchen für sich zu gewinnen, sondern die Armut zwingt ihn fast dazu, denn er leidet Hunger (vgl. Z. 84 f.). Christian hat außerdem keine Kontrolle mehr über seine übermächtigen Gefühle. Da er empfindlich ist (vgl. Z. 84), leidet er ganz besonders und er verspürt den Drang, sich zu rächen.

Not und Kränkung führen wieder zur Kriminalität

leidet

impulsiv, keine Kontrolle über Gefühle, Rachegelüste

Schluss:

Zusammenfassende Beurteilung:

Christian Wolf ist von Anfang an benachteiligt. Er ist nicht nur auffallend hässlich, sondern wächst auch in ärmlichen Verhältnissen auf und wird früh Halbwaise. Aufgrund seiner Hässlichkeit erfährt er überall nur Zurückweisung. Es verwundert daher nicht, dass sein Selbstwertgefühl gering ist. Der kriminelle Weg, den er einschlägt, ist zwar der falsche und man kann es ihm zum Vorwurf machen, dass er nicht zu harter Arbeit bereit ist. Bedenkt man aber, wie sehr sich Christian Wolf nach Zuwendung und Anerkennung sehnt, kann man sein Verhalten zumindest nachvollziehen, zumal die Wilderei in der Gegend sogar allgemein üblich ist. Dass er erwischt und bestraft wird, hat er der Gemeinheit eines anderen zu verdanken. Der Protagonist ist also sowohl Täter als auch Opfer, wie schon sein Name andeutet: Christian verweist auf das Christentum, der Wolf gilt als böses Tier. Es steckt also beides in ihm: das Gute und das Böse.

Benachteiligung, Zurückweisung → geringes Selbstwertgefühl

Kriminalität statt harter Arbeit → Fehlverhalten

nachvollziehbar wegen großem Wunsch nach Anerkennung

ist sowohl Täter als auch Opfer → gut und böse

Ü 35: „Nebenjobs für Schüler" – Ein Argument ausformulieren

These Es ist nicht gut, wenn Schüler nachmittags einen Nebenjob annehmen. *Begründung* Denn dann können sie sich weniger intensiv auf die Schule konzentrieren. *Veranschaulichung durch Beispiele* Nach sechs bis acht Stunden Unterricht sind die Jugendlichen ohnehin erst einmal erschöpft. Doch dann warten noch weitere Pflichten auf sie: Es müssen in der Regel Hausaufgaben gemacht werden und vielleicht erwarten die Eltern auch Hilfe im Haushalt. *Weitere Erläuterungen zur Begründung* Wenn ein Schüler zusätzlich arbeitet, um Geld zu verdienen, besteht die Gefahr, dass ihm diese Zeit und Energie fehlen, wenn es ums Lernen für die Schule geht. Darunter leiden dann möglicherweise seine Leistungen, und im schlimmsten Fall ist sogar der Schulabschluss gefährdet. *Schlussfolgerung / Bekräftigung* Jugendliche sollten also besser keinen Nebenjob annehmen, solange sie noch die Schule besuchen.

Ü 36: „Strafe für Eltern von Schulschwänzern?" – Stellungnahme schreiben

Einleitung: *Benennen der eigenen Position*

Ich finde es nicht richtig, wenn Eltern, deren Kinder die Schule schwänzen, das Kindergeld entzogen wird. Das wäre der falsche Weg – und er würde nichts bewirken.

Hauptteil: *Entkräften eines möglichen Arguments der Gegenposition (zu Stichpunkt Nr. 9)*

Zwar sind tatsächlich in erster Linie die Eltern dafür verantwortlich, dass ihre Kinder die Schulpflicht erfüllen, und der Staat kann deshalb nur ihnen gegenüber aktiv werden. Ich kann mir allerdings nicht vorstellen, dass es Väter oder Mütter gibt, die bewusst gegen diese Pflicht verstoßen. Dabei geht es nicht so sehr um die Erfüllung einer Pflicht – auch wenn das Gesetz es so bestimmt –, sondern darum, dass der Schulbesuch für die persönliche Entwicklung extrem wichtig ist. Welcher Erwachsene würde es also darauf anlegen, die eigenen Kinder vom Unterricht fernzuhalten und ihnen damit langfristig zu schaden? Wahrscheinlicher ist, dass ein Kind anfängt zu schwänzen, weil es Probleme hat – z. B. mit Lehrern, Mitschülern oder Eltern. Durch Geldstrafen lassen sich solche Probleme nicht lösen.

Erstes Argument (zu Stichpunkt Nr. 3)

Viel wichtiger wäre es herauszufinden, welches die Gründe sind, die einen Schüler dazu bringen, die Schule zu schwänzen. Es kann z. B. sein, dass ein Kind in der Schule gemobbt wird und sich nicht traut, mit seinen Eltern darüber zu reden, weil es sich vielleicht dafür schämt, Mobbingopfer zu sein. Um seinen Peinigern nicht weiter ausgesetzt zu sein, vermeidet es dann den Besuch der Schule. Vor seinen Eltern hält der Betreffende dies aber geheim, denn sie sollen nichts von den Problemen mit den Mitschülern erfahren. Würde man diesen Eltern nun das Kindergeld entziehen, dann hätte das Kind doppelte Schwierigkeiten: Zu den Problemen mit den Mitschülern kämen noch die Probleme mit den Eltern hinzu. Die Lage wäre also nicht entschärft, sondern verschlimmert.

Zweites Argument (zu Stichpunkt Nr. 4)

Eine bessere Alternative wäre es deshalb auch, wenn der Klassenlehrer oder die Klassenlehrerin die betroffenen Eltern kontaktieren würde. Dabei darf sich der Kontakt allerdings nicht darin erschöpfen, den Eltern einen Brief nach zu Hause schicken und ihnen so mitzuteilen, dass ihr Kind mehrmals unentschuldigt gefehlt hat. Dies würde vermutlich nicht viel ändern. Zwar würde es daraufhin wohl zu einem Gespräch zwischen Eltern und Kind kommen. Aber es ist nicht zu erwarten, dass das Kind sein Verhalten daraufhin unmittelbar ändert; bei der nächsten Gelegenheit wird es dem Unterricht wahrscheinlich wieder fernbleiben. Das bessere Vorgehen wäre ein intensives persönliches Gespräch der Lehrkraft mit den Eltern und evtl. auch mit dem Schüler oder der Schülerin, um gemeinsam nach den Gründen für das Schulschwänzen zu forschen und um möglichst Abhilfe zu schaffen. Das wäre wirkungsvoller als der Entzug des Kindergeldes.

Drittes Argument (zu Stichpunkt Nr. 7)

Zudem stellt sich die Frage, ob die Forderung des Kindergeldentzugs überhaupt durchsetzbar ist. Denn eine solche Strafe würde die betroffenen Eltern nicht gleichermaßen treffen. Wohlhabende Eltern dürften eine Streichung des Kindergelds vermutlich gut verkraften. Für arme Haushalte hingegen ist das Kindergeld oft eine wichtige finanzielle Einkunft, die hilft, den Lebensunterhalt der Familie zu sichern. Wenn dies gestrichen würde, hätten alle Familienmitglieder darunter zu leiden, also beispielsweise auch Geschwisterkinder, und nicht nur die Eltern, die auf diese Weise bestraft werden sollten, weil ihr Kind nicht regelmäßig zur Schule geht. Es ist also fraglich, ob man diese Maßnahme rechtlich durchsetzen könnte, da sie gegen den Gleichheitsgrundsatz verstößt. Den Schulschwänzern wäre mit juristischen Streitigkeiten jedenfalls nicht geholfen.

Ergebnis: *Bekräftigung der eigenen Position*

Aus diesen Gründen plädiere ich dafür, Schüler, die regelmäßig dem Unterricht fernbleiben, auf andere Weise wieder an den Schulbesuch heranzuführen. Ich denke, dass die wenigsten Schulschwänzer grundlos einen Bogen um die Schule machen, wo sie ja z. B. auch ihre Freunde treffen. Entscheidend ist deshalb in meinen Augen, die Gründe für das Schwänzen aufzudecken und dann eine Lösung zu finden. Den Eltern das Kindergeld zu entziehen halte ich für keine hilfreiche Maßnahme.

Ü 37: Reinhold Ziegler „Marathon“ – Produktiv-kreative Texte schreiben

1. **Tagebucheintrag:**

Datum

Heute bin ich – wie so oft – mit Daniel gelaufen. Es war furchtbar – und am Ende doch gut für uns beide.
Daniel ist übers Wochenende bei uns zu Besuch. Heute Nachmittag saßen wir zusammen bei Kaffee und Kuchen. Die Stimmung war eigenartig. Wir kamen einfach nicht ins Gespräch miteinander. Allenfalls redeten wir über Belanglosigkeiten, z. B. übers Wetter. Das belastete mich.
Also fragte ich Daniel, ob wir gemeinsam laufen gehen sollten. Er stimmte sofort zu und schlug, ohne lange nachzudenken, einen Marathon vor. Ich habe zwar keine Übung im Marathonlauf, war aber einverstanden. Schließlich wollte ich mich nicht lumpen lassen. Immerhin bin ich mein Leben lang gelaufen, da werde ich auch eine Marathonstrecke schaffen, dachte ich. Los ging's also.
Was ich mal wieder typisch fand: Daniel kam einfach nicht ins Tempo, zuckelte von Anfang an gemütlich hinter mir her. Meine Güte!, dachte ich. Kann er nicht mal ein bisschen zulegen? Immer wieder schaute ich mich nach ihm um und rief ihm wie üblich meine Ermunterung zu: Auf, auf! Aber Daniel blieb völlig ungerührt und behielt sein gemächliches Tempo bei. Kein Wunder, dass er sich nicht für Olympia qualifizieren konnte!, dachte ich bei mir.
Dann aber, nach einigen Kilometern, merkte ich, wie das Laufen nicht mehr so leicht ging. Meine Kräfte ließen nach, die Füße kamen mir vor wie Blei und mir blieb die Puste weg. Bloß keine Schwäche zeigen!, sagte ich mir und quälte mich weiter. Um von mir abzulenken – und weil ich sicher war, dass auch Daniel bald nicht mehr konnte –, forderte ich ihn auf vorauszulaufen. Das tat er zu meiner Verblüffung auch. Wie selbstverständlich zog er an mir vorbei. Doch damit nicht genug: Er zog auch noch das Tempo an. Das konnte doch nicht sein! Da zuckelte er die ganze Zeit hinter mir her und legte dann plötzlich los, zu einem Zeitpunkt, als ich schon fix und fertig war!
Dann fiel mir wieder ein, dass er sich ja seit einiger Zeit auf Marathon spezialisiert hatte. Er hat ja wirklich was drauf, dachte ich ein bisschen überrascht, während ich krampfhaft versuchte, mit ihm mitzuhalten. Keuchend schleppte ich mich hinter ihm her, aber der Abstand zwischen

uns wurde immer größer … Irgendwann konnte ich es nicht mehr verhindern: Ich fing an zu taumeln – und klappte dann auf der Wiese zusammen. Es kam mir vor, als wäre ich kurz vorm Sterben.

Während ich dalag, kamen mir die schlimmsten Gedanken. Hatte Daniel etwa genau das beabsichtigt, meinen Zusammenbruch? Zwar stützte mich, als ich mich erbrach, aber er wirkte dabei so ungerührt. Er sah mich nur so seltsam an, fast wie einen Fremden. Was war los mit ihm?

Plötzlich dämmerte es mir: Er hatte den Spieß umgedreht! Hatte es mir einmal zeigen, mich demütigen wollen! Wahrscheinlich, weil ich ihn immer wieder zum Laufen gedrängt hatte und weil er am Ende doch nicht erfolgreich war. Wahrscheinlich hatte er eine richtige Wut auf mich, weil ich es gewesen war, der ihn zum Laufen gebracht hatte, und weil es ihm jetzt so vorkommen musste, als ob alle seine Anstrengungen vergeblich waren. Womöglich hasste er mich sogar.

Als ich allmählich wieder Luft kriegte, fragte ich ihn ganz direkt: So sehr hasst du mich? Gleichzeitig fürchtete ich mich vor seiner Antwort. Nicht mehr, sagte er nur.

Lange saßen wir schweigend dort auf der Wiese. Aber dann kamen wir doch noch ins Gespräch, ganz allmählich. Und auf einmal brach es richtig aus ihm heraus: dass er es immer gehasst habe, laufen zu müssen, dass er dazu gar keine Lust gehabt habe, dass er es nur meinetwegen getan habe, dass er nicht gut als Läufer sei, dass er nun endgültig mit dem Laufen aufhören werde, dass sein Leben verpfuscht sei usw.

Das war ein Schock! Ich hatte doch nur sein Bestes gewollt. Ich hatte doch gespürt, wie begabt der Junge war, wollte, dass er sein Potenzial nutzte. Und jetzt das!

Irgendetwas habe ich wohl falsch gemacht. Habe ich vielleicht mehr an mich gedacht als an ihn? Wollte ich mich in seinem Erfolg sonnen? Immerhin hatte er ja durchaus Erfolge, als Vierzehnjähriger zum Beispiel, beim Fünftausendmeterlauf … War ich so blind, all die Jahre? Warum hat er denn nicht früher etwas gesagt?

Klar ist: Ich muss noch einmal mit ihm reden. In Ruhe. Ich hoffe, er kommt nächstes Wochenende wieder. Dann setzen wir uns zusammen und sprechen uns aus. Und gelaufen wird dann nicht!

2. **Persönlicher Brief:**

Datum

Hallo Vater,
du glaubst nicht, wie froh ich bin, dass wir beide nach so langer Zeit endlich offen miteinander geredet haben!
Es tut mir echt leid, dass du gestern so leiden musstest. Ich will ehrlich sein: Ja, ich hatte es darauf angelegt, dich zu quälen. Ich wollte dir einfach mal zeigen, wie es ist, wenn man tun muss, was ein anderer will, auch wenn man das eigentlich gar nicht möchte.
Im Nachhinein weiß ich, dass es falsch war, dich so herauszufordern. Es war mir schon klar, dass du einen Marathon gar nicht schaffen konntest. Erstens bist du nicht mehr der Jüngste, und zweitens hast du nie auf Marathon trainiert. Das konnte nur schiefgehen. Aber das wollte ich ja auch.
Heute geht mir das Bild von dir auf der Wiese nicht aus dem Sinn. Ich sehe dich vor mir: mit hochrotem Kopf, fix und fertig. Glaub mir: *Das* habe ich nicht gewollt.
Du fragtest mich dann ganz plötzlich, ob ich dich so sehr hassen würde, und du weißt, dass ich „Nicht mehr" antwortete. Das klingt so, als hätte ich dich früher immer gehasst. Inzwischen habe ich noch einmal darüber nachgedacht, und ich muss sagen, dass das nicht richtig ist. Gehasst habe ich nur das Laufen, zu dem du mich immer gedrängt hast. Dabei hatte ich die ganze Zeit das Gefühl, dass es dir gar nicht um mich ging, sondern eher um dich. Anderen hast du regelmäßig von meinem Talent erzählt. Voller Stolz. Und hast mich spüren lassen, was du von mir erwartetest: Ich sollte als Leistungssportler Karriere machen, sollte bei Olympia mitmachen, Siege einfahren. Der Druck, den du so aufgebaut hast, war riesig. Ich war schließlich noch ein Kind!
Mein Leben lang war ich in einem Dilemma: Auf der einen Seite hatte ich keine Lust zum Laufen. Es macht mir einfach keinen Spaß. Und ich ahnte irgendwie, dass ich darin nicht gut war. Auf der anderen Seite du: mit deinen unglaublich hohen Erwartungen, mit deinem unerschütterlichen Glauben an meine künftigen Erfolge. Ich hätte sie dir gerne verschafft. Ich wünschte mir ja deine Anerkennung.
Wie schön war es, von dir gelobt zu werden bei meinem Sieg im Fünftausendmeterlauf, damals, als ich vierzehn war! Du warst so stolz auf mich. Wie hätte ich da sagen können: „Ich will nicht mehr laufen"? Ich wollte dich nicht enttäuschen, also habe ich weitergemacht … Selbst nach

der verpatzten Olympiaqualifikation blieb ich dabei. Ich stieg auf Marathon um und war tatsächlich gar nicht so schlecht darin – aber eben auch nicht so gut, dass es für eine Profikarriere reichte.
Jetzt stehe ich da und stelle fest, dass ich mein ganzes Leben aufs Laufen ausgerichtet habe. Wenn ich ehrlich bin, weiß ich gar nicht, was mich sonst noch interessieren könnte. Nur eins ist mir klar: Das Laufen ist nicht mein Ding! Ich höre ab sofort damit auf. Ich will noch einmal von vorne anfangen, das Studienfach wechseln, einen Beruf erlernen, der mich interessiert. Warum ich dir das alles nicht früher gesagt habe? Ich war mir lange selbst nicht im Klaren darüber. Erinnere dich mal: Schon als Fünfjähriger musste ich ständig mit dir laufen: zum Bäcker, zum Einkaufen, abends mit dem Hund. Hast du das vergessen? Seit ich denken kann, redetest du mir ein, dass ich ein künftiger Sieger wäre, dass ich nur hart genug trainieren müsste, um es zu schaffen … Ich kam gar nicht auf die Idee, etwas anderes zu tun oder zu wollen, als das, was du mir eingeredet hast!
Aber genug damit! Jetzt endlich weißt du, was ich dir schon längst sagen wollte und wie es mir tatsächlich geht. Und ich glaube, das tut uns beiden gut. Denn das habe ich gestern Abend schon gemerkt: Wenn das Laufen nicht mehr zwischen uns steht, kommen wir einander näher.
Ich werde am nächsten Wochenende noch einmal zu euch kommen, damit wir Zeit haben, noch mal in Ruhe miteinander zu reden. Und dieses Mal freue ich mich auch auf den Besuch!

Bis bald, liebe Grüße
Daniel

Ü 38: Reinhold Ziegler „Marathon" – Geschickt formulieren

Überarbeitete Textstellen sind grau hinterlegt.

Von da an hat sich die Beziehung zu meinem Vater voll-	*guter Einstieg!*
kommen geändert. ~~Das heißt nicht, dass wir nicht mehr~~	*doppelte Verneinung*
~~zusammen gelaufen sind. Natürlich sind wir weiter zu-~~	*unschön*
~~sammen gelaufen, denn~~ Zwar laufen wir weiter zusam-	*Tempus: Warum Perfekt?*
men, denn daran waren wir gewöhnt, solange ich zu-	*Wiederholung („zusammen*
rückdenken kann. Das Problem war nur, dass wir sonst	*gelaufen")*
fast nichts zusammen ~~gemacht~~ unternommen haben.	*Ausdruck: besser treffendere*
Vor allem haben wir nie richtig miteinander geredet,	*Wortwahl*
jedenfalls nicht über ~~Zeug, das uns bewegt hat~~ Themen,	*Ausdruck: Umgangssprache*
die uns bewegten. Ich erinnere mich eigentlich nur an	*Tempus: Warum Perfekt?*

das ewige „Auf, auf!“, mit dem mein Vater mich immer antrieb~~, und daran~~. Ich werde nie vergessen, dass er mir immer einzureden versuchte, eine Olympiahoffnung zu sein. Jetzt erst verstehe ich, dass mein Vater im Grunde gar keine Probleme mit mir hatte, ~~dadurch~~ sondern mit sich selbst. Es ging nie wirklich darum, dass ich nicht die Erfolge erzielte, die er sich gewünscht hätte~~, sondern er hatte Probleme mit sich selbst~~. Irgendwann hatte er schlagartig begriffen, dass er keinen Sinn in seinem Leben sah, …

Hier besser neuen Satz anfangen, sonst zu lang.
Unübersichtliche Satzkonstruktion, bitte auf zwei Sätze aufteilen.
Wiederholung („Probleme“)
gute Formulierung

Ü 39: Reinhold Ziegler „Marathon“ – Zitate gezielt einsetzen

1. a) Mit dieser Aussage drückt der Ich-Erzähler aus, dass er die anderen Läufer weniger als Konkurrenten denn als Leidensgenossen gesehen hat. In seinen Augen haben sie alle eines gemeinsam gehabt: Sie mussten laufen – und das musste ihnen auch noch Spaß machen. Das ist eigentlich ein Widerspruch: Spaß kann man nicht erzwingen. Entweder kommt er von selbst – oder es gibt ihn nicht.

   b) Anscheinend sind die Medien davon ausgegangen, dass der Ich-Erzähler nach seinem Sieg im Fünftausendmeterlauf nur noch Erfolge haben würde, denn sie haben ihm eine große Karriere als Läufer vorausgesagt. Sie haben ihn sogar schon als Teilnehmer der Olympischen Spiele gesehen und haben offensichtlich erwartet, dass er auch dort einen Sieg einfahren würde.

   c) Die Fremdheit, die der Ich-Erzähler daheim bei seinen Eltern empfindet, ist darauf zurückzuführen, dass die entscheidenden Probleme unausgesprochen bleiben. Er weiß, dass er seinen Vater enttäuscht hat, weil er sich nicht für Olympia qualifizieren konnte. Aber er schafft es nicht, das zur Sprache zu bringen. Auch seine früheren Erfolge mag er nicht ansprechen. So steht sein Misserfolg wie eine Barriere zwischen ihm und seinen Eltern, und er fühlt sich fremd bei ihnen.

2. a) „Ob ich meinen Vater schon hasste, als ich auf die Welt kam, bezweifle ich.“ (Z. 1 f.)

   b) „Und dann mein Vater, wie er zu anderen redete: ‚Der Junge hat Talent‘, höre ich. ‚Aus dem wird mal was‘, höre ich.“ (Z. 41–43)

c) „Komm, lass uns laufen, sagte mein Vater, noch immer, ohne zu begreifen, wie sehr ich auch diesen Satz hasste.“ (Z. 128–130)

d) „Ich wollte ihn umbringen, wollte ihn winseln hören, wollte seine Ausflüchte hören […]“ (Z. 150–152)

e) „Ich drehte ihn um, stützte ihm die Stirn, verschaffte ihm mehr Luft.“ (Z. 178–180)

3. Vater und Sohn sind einander am Schluss nähergekommen. Die letzten Worte des Ich-Erzählers lauten: „Dann trabten wir zurück. Ganz ruhig, fast gelassen. Nebeneinander.“ (Z. 199–201) Damit bringt er zum Ausdruck, dass sich das Verhältnis zwischen ihm und seinem Vater geändert hat. Jetzt sieht er seinen Vater nicht mehr als denjenigen an, der ihn ständig antreibt, denn dieser läuft nicht mehr voraus und ruft ihm nicht mehr sein „Auf, auf!“ zu. Stattdessen sagt der Ich-Erzähler, dass die beiden „ruhig, fast gelassen“ nach Hause traben, und zwar nicht hintereinander, sondern nebeneinander. Endlich begegnen sie sich also auf Augenhöhe; der Sohn fühlt sich seinem Vater ebenbürtig.

Ü 40: Richtig schreiben

l**ä**cheln	l**a**chen	Beh**ä**lter	h**a**lten
Hem**d**	Hem**d**en	Fä**h**re	fa**h**ren
Gestan**k**	stin**k**en	belie**b**t	belie**big**
Gestal**t**	Gestal**t**en	Lei**d**	lei**d**en
Stau**b**	stau**big**	Bar**t**	(die) Bär**t**e

Ü 41: „Einfache Mittel verbessern den ‚Durchfluss‘“ – Rechtschreibregeln kennen

[…] Fussgänger zeigen ein viel komplexeres verhalten als Autofahrer.	*Fußgänger: **stimmloser** s-Laut nach **lang gesprochenem** Vokal* *ein … Verhalten: Großschreibung eines **Nomens** (das Verhalten)*
Das entstehen spontaner Staus auf dicht befarenen Autobahnen kann man inzwischen sehr gut erkleren: Ein einziger unaufmerksamer Fah-	*Das Entstehen: **nominalisiertes** Verb* *befahrenen: Wortstamm „fa**h**r-“* *erklären: Wortstamm „kl**a**r“*

rer, der plözlich stark bremmst, genügt. Fußgänger sind im vergleich dazu deutlich schwiriger zu modellieren.	*plötzlich: tz nach **kurz gesprochenem** Vokal; bremst: kein Doppelkonsonant vor **weiterem Konsonanten**; im Vergleich: Großschreibung eines **Nomens** (der Vergleich); schwieriger: **langer i-Laut** in der Regel als „ie" zu schreiben*
Menschen laufen nicht in fessten Spuren, bleiben auch gern mal	*festen: kein Doppelkonsonant vor **weiterem Konsonanten***
Stehen, wechseln spontan die	*bleiben … stehen: Kleinschreibung eines **Verbs** (stehen)*
richtung und versuchen, großem	*die Richtung: Großschreibung eines **Nomens***
Gedrenge aus dem Weg zu gehen.	*Gedränge: wegen „Drang"*
Je genauer Wissenschaftler Pasanten simulieren können, umso besser	*Passanten: Doppelkonsonant nach **kurz gesprochenem** Vokal*
lassen sich Gebeude, Kreuzfahrt Schiffe oder Bahnhöfe planen.	*Gebäude: Wortstamm „bau-(en)"; Kreuzfahrtschiffe: ein Wort, bezeichnet nur **eine Sache***
Unnötiges Gedrenge oder gar Panik werden so vermiden. Modellrechnungen haben Beispielsweise	*Gedränge: s. o.; vermieden: **langer i-Laut** in der Regel als „ie" zu schreiben; beispielsweise: Kleinschreibung eines **Adverbs***
gezeigt, dass einfache Mittel den „Durchfluss" an Not Ausgengen	*Notausgängen: ein Wort, da nur **eine Sache**/Bedeutung, „Ausgänge" wegen Wortstamm „(Aus-) Gang"*
verbessern können. Ein Pfeiler genükt, denn er spalltet die schibende Menschenmasse. So	*genügt: wegen „genügen"; spaltet: kein Doppelkonsonant vor **weiterem Konsonanten**; schiebende: **langer i-Laut** in der Regel als ie zu schreiben*
singt der Druck auf die Tür, durch die sich alle so schnell wie	*sinkt: wegen „sinken"*
möglich zwengen wollen.	*zwängen: Wortstamm „Zwang"*
Aber nicht immer ist der einzelne Spielball der wogenden Maße.	*der Einzelne: Großschreibung eines **Nomens** (nicht bezogen auf „Spielball"); Masse: **stimmloser** s-Laut nach **kurzem Vokal** als ss zu schreiben*
Bei entsprechend viel Platz kann sich ein Fußgänger nähmlich auch	*nämlich: Wortstamm „Name"*
entscheiden, nach rechts oder lings auszuweichen, stehenzubleiben oder umzukehren.	*links: verlängerbar zu „linke" (z. B. „der linke Weg")*

Quelle: Holger Dambeck, Spiegel online vom 7. 6. 2010; www.spiegel.de/wissenschaft/mensch/0,1518,699080,00.html

Ü 42: „Schotten leben gefährlich" – Kommaregeln kennen

In Schottland lebt einer neuen Studie zufolge fast jeder Erwachsene mit einem bedeutenden Gesundheitsrisiko, mehr als die Hälfte haben sogar drei oder mehr Risikofaktoren. Die Forscher der Universität Glasgow untersuchten die fünf lebensgefährlichen Angewohnheiten Rauchen, Trinken, Bewegungsmangel, schlechte Ernäh-

Hauptsätze

Aufzählung

rung und Übergewicht und fanden heraus, dass niemand *Haupt- und Nebensatz*
es den Schotten bei deren Anhäufung gleichtut. „Schot-
ten leben gefährlich“, sagte David Conway, Leiter der *Hauptsätze; nachgestellte*
jetzt veröffentlichten Studie. „Nur 2,5 Prozent der Be- *Erläuterung*
völkerung tragen überhaupt keine Risikofaktoren“, sagte *Hauptsätze*
Conway in einem Interview.
Die im Wissenschaftsjournal „BMC Public Health“ ver-
öffentlichte Forschungsarbeit befasst sich mit einem
neuen wissenschaftlichen Ansatz, bei dem nicht nur ein- *Haupt- und Nebensatz*
zelne Risikofaktoren, sondern auch deren Anhäufung un- *Gegensatz*
tersucht wird. „Ungesunde Verhaltensweisen bündeln
sich, die Kombination ist dabei synergetisch, dadurch *Hauptsätze; Hauptsätze*
steigt das allgemeine Risiko unverhältnismäßig an“, be- *Hauptsätze*
dauert Conway. […]
Grundlage der Studie war eine staatliche Gesundheitsum-
frage aus dem Jahr 2003, Daten lagen für 6 574 Männer *Hauptsätze*
und Frauen vor. Als gefährdet stuften die Wissenschaft-
ler beispielsweise Menschen ein, die zum Zeitpunkt der *Haupt- und Nebensatz,*
Befragung rauchten, Männer, die mehr als 24 Gramm, *Aufzählung; eingeschobener*
und Frauen, die mehr als 16 Gramm Alkohol pro Tag zu *Nebensatz; Haupt- und*
sich nahmen. Als fettleibig galten Menschen mit einem *Nebensatz*
Body-Mass-Index (BMI) von über 30. […]
Obwohl Conway mit einem wenig ermutigenden Er-
gebnis rechnete, wurde er vom Ernst der Lage doch über- *Haupt- und Nebensatz*
rascht. Mehr als 85 Prozent der Erwachsenen hatten
mindestens zwei Risikofaktoren, 55 Prozent hatten *Aufzählung / Hauptsätze*
sogar drei und fast ein Fünftel brachte es sogar auf alle
fünf. Die am weitesten verbreitete Angewohnheit war
schlechte Ernährung […]. Zehn Prozent der Befragten
waren sowohl Raucher als auch starke Trinker, von die- *Hauptsätze*
sen zehn Prozent hatten sich drei Viertel noch zwei oder
drei weitere Risikofaktoren zugelegt.
Als mögliche Ursachen werden soziale und wirtschaft-
liche Faktoren vermutet – Menschen aus den ärmsten
Gegenden mit dem schlechtesten Bildungsstand lebten
am ungesündesten. […]

Quelle: AFP; www.n-tv.de/wissen/Schotten-leben-gefaehrlich-article917387.html

Kompetenz Sprachwissen und Sprachbewusstsein

Ü 43: Wortarten unterscheiden

Die **Digitalisierung** schreitet stetig voran. **Deutlich** wird das **überall**, auch in

Nomen Adjektiv Adverb (1)

manchen Haushalten. In *Smart Homes* **können** die Bewohner **ihr** Leben in vielen

Pronomen (2) Verb (3) Pronomen (4)

Bereichen per Knopfdruck regeln. **In diesen** Häusern stehen **schon intelligente**

Nomen Präposition Pronomen (5) Adverb (6) Adjektiv

Kühlschränke, **die** den Besitzern Bescheid geben, **wenn ein bestimmtes**

Pronomen (7) Konjunktion Artikel Adjektiv

Lebensmittel fehlt. **Vieles** kann man **sogar** allein **mit** seiner Stimme regeln, z. B.

Pronomen (8) Partikel Präposition

das **Einschalten** von Licht **oder das** Abspielen von Musik. Dafür **sorgen** Sprach-

Nomen (9) Konjunktion Artikel Verb

assistenten wie **Alexa**. Allerdings sollte man das **Gerät lieber** ausschalten, falls

Eigenname Nomen Adverb (10)

man **es** nicht nutzen **will**. **Sonst** kann es passieren, **dass** das, was man sagt,

Pronomen (11) Verb (12) Adverb (13) Konjunktion

außerhalb der eigenen **vier** Wände mitgehört **wird**. Das will **wohl** niemand.

Präposition Artikel Adjektiv Verb (14) Partikel

Hinweis: *1) „überall": Lokaladverb (Ortsbezeichnung); 2) „manchen": Indefinitpronomen (unbestimmte Menge); 3) „können": Modalverb; 4) „ihr": Possessivpronomen (besitzanzeigend); 5) „diesen": Demonstrativpronomen (hinweisend); 6) „schon": Temporaladverb (zeitliche Angabe); 7) „die": Relativpronomen (Bezugswort „Kühlschränke"); 8) „vieles": Indefinitpronomen (unbestimmte Menge); 9) „(das) Einschalten": nominalisiertes Verb; 10) „lieber": Modaladverb (Grad der Aussage); 11) „es": Personalpronomen (Stellvertreter für „das Gerät"); 12) „will": Modalverb; 13) „sonst": Modaladverb (Einschränkung); 14) „wird": Hilfsverb*

Ü 44: Den Kasus von Nomen bestimmen

die Geschenke: **Nominativ** (Plural), **Akkusativ** (Plural)
den Löwen: **Akkusativ** (Singular), **Dativ** (Plural)
der Frage: **Genitiv** (Singular), **Dativ** (Singular)

Ü 45: „Krähen sind extrem clevere Werkzeugnutzer“ – Die Kasus verstehen

Krähen können komplizierte Aufgaben[1] mit Hilfe von Werkzeugen lösen […]. Wissenschaftler in Neuseeland haben mit einem Experiment[2] gezeigt, dass die Tiere ihre Hilfsmittel höchst strategisch zum Einsatz[3] bringen.
Der Versuchsaufbau erinnert an ein Geschicklichkeitsspiel[4]: Um an die Belohnung[5] heranzukommen, muss man eine Kiste mit einem Loch[6] öffnen. Dafür braucht man einen langen Stock. Doch der liegt in einer Gitterbox[7]. Und nur mit Hilfe[8] eines zweiten, kleineren Stocks[9] lässt er sich dort herausmanövrieren. Dumm nur, dass dieses so dringend benötigte Hölzchen an einer Schnur von der Decke[10] hängt …
Um an Fleisch[11] zu kommen, können Geradschnabelkrähen […] diese Aufgaben[12] jedoch durchaus bewältigen, wie Forscher […] gezeigt haben.

1 *Akkusativ; lösen*
2 *Dativ; mit*
3 *Dativ; zum*
4 *Akkusativ; an (ein)*
5 *Akkusativ; an (die)*
6 *Dativ; mit*
7 *Dativ; in (einer)*
8 *Dativ; mit*
9 *Genitiv; mit Hilfe*
10 *Dativ; von*
11 *Akkusativ; an (das)*
12 *Akkusativ; bewältigen*

Quelle: Christoph Seidler/ddp, SPIEGEL Online 21. 4. 2010; www.spiegel.de/wissenschaft/natur/kognitive-faehigkeiten-kraehen-sind-extrem-clevere-werkzeugnutzer-a-690186.html

Hinweis: *Bei Präpositionen wie „in“ und „an“ hängt der Kasus, den sie fordern, von der Bedeutung ab: Wird Bewegung ausgedrückt (z. B.: wohin? in das Haus), folgt nach diesen Präpositionen der Akkusativ; wenn ein Zustand gemeint ist (z. B.: wo? in dem Haus), folgt der Dativ.*

Ü 46: „Auch Haie haben Angst“ – Verwendungsweisen von Adjektiven

Auch Haie haben Angst

Weiße Haie gelten als die Könige der Weltmeere. Doch — *Attribut*
Forscher haben nun erstaunt festgestellt, dass sich der — *Adverb*
große Meeresräuber wohl vor einem anderen Tier — *Attribut*
gehörig fürchtet: dem Orca. — *Adverb*
Indem sie die Haie mit GPS-Sendern ausstatteten, über-
wachten die amerikanischen Wissenschaftler die Tiere — *Attribut*
ganz genau. Vor der Küste von San Francisco, wo die ge- — *Adverb*
fräßigen Raubfische häufig See-Elefanten jagen, konnten — *Attribut*
sie wichtige Erkenntnisse gewinnen. Orcas kommen hier — *Attribut*
nur ab und zu auf ihren weiten Wanderungen vorbei. — *Attribut*
Tauchten die Schwertwale jedoch auf, verließen die Haie
schlagartig die Gewässer und flüchteten eilig hinaus aufs — *Adverb; Adverb*
offene Meer. Die weißen Haie haben solche Angst vor — *Attribut; Attribut*
den Orcas, dass sie auch nicht so schnell wieder zurück- — *Adverb*
kehrten: Oft trauten sie sich ein Jahr lang nicht mehr zu-

rück in ihr altes Jagdrevier – und das, obwohl die Orcas	*Attribut*
meist schon nach einer Stunde wieder weiterzogen.	
Für die jungen See-Elefanten ist das Zusammentreffen	*Attribut*
der beiden Raubfischarten in ihrem Lebensraum ein Se-	
gen. Statt 40 Jungtieren erbeuteten die Haie in Jahren, in	
denen sich Orcas zeigten, nur noch magere 25 % davon.	*Attribut*

Ü 47: „Vom Startloch zum Startblock“ – Pronomen bestimmen

Heute wäre es schwierig, Startlöcher in die modernen	
Kunststoff-Laufbahnen zu graben. Als die Leichtathleten	
noch auf Asche liefen, war das allerdings durchaus üblich,	*Demonstrativpronomen*
jedenfalls auf den Kurzstrecken. Für die erfand der ame-	*Demonstrativpronomen*
rikanische Trainer Mike Murphy 1887 den Tiefstart aus	
der Hocke.	
Bei diesem Start bringt der Sprinter mehr Kraft auf die	*Demonstrativpronomen*
Bahn. Er erreicht daher eine höhere Beschleunigung,	*Personalpronomen*
allerdings besteht auch die Gefahr, dass ihm dabei die	*Personalpronomen*
Füße wegrutschen. Deshalb war es üblich, dass die Sport-	
ler kleine Schäufelchen mit zum Rennen brachten und	*Reflexivpronomen,*
sich ihre individuellen Startlöcher gruben.	*Possessivpronomen*
Das war nicht nur den Platzwarten ein Dorn im Auge, die	*Demonstrativpronomen,*
anschließend die Bahn wieder glätten mussten, die	*Relativpronomen*
Sportler konnten sich auch verletzen, wenn ihr Fuß am	*Reflexivpronomen,*
Rand des Startlochs hängen blieb. Es war wieder ein ame-	*Possessivpronomen*
rikanischer Trainer, George Bresnahan, der im Jahr 1927	*Relativpronomen*
den Startblock zum Patent anmeldete – eine genial ein-	
fache Erfindung, die sich bis heute nur unwesentlich ver-	*Relativpronomen*
ändert hat.	*Reflexivpronomen*
Aber die Mühlen der Sportbürokratie mahlen langsam.	
Während sich die Startblöcke in den USA schnell ver-	*Reflexivpronomen*
breiteten, betrachtete der internationale Leichtathletik-	
verband IAAF die Entwicklung mit Argwohn.	
Zeitweise wurden zwei Weltrekorde geführt, mit und	
ohne Blöcke. Bei den Olympischen Spielen in Berlin	
1936 war schließlich Jesse Owens der letzte Sprint-	
Olympiasieger, der mit Schäufelchen zum Rennen ging	*Relativpronomen*
und seine eigenen Startlöcher buddelte. Erst 1937 akzep-	*Possessivpronomen*
tierte die IAAF die neue Starthilfe.	

Quelle: Christoph Drössler, in: Die Zeit vom 12. 05. 2010; www.zeit.de/2010/20/Stimmts-Sprinter

Hinweis: *Welcher Art von Pronomen die Wörter „der“, „die“ und „das“ zugeordnet werden müssen, hängt von ihrer Verwendung im Satz ab.*

Ü 48: Die Konjugation von Verben verstehen

	Singular	Plural	über sich	über andere	zu jemandem
kommt	✗	✗		✗	✗
frage	✗		✗		
folgst	✗				✗
erscheinen		✗	✗	✗	
sieht	✗			✗	
wissen		✗	✗	✗	
vergesst		✗			✗
bleibt	✗	✗		✗	✗

Hinweis: *Die Formen „**kommt**“ und „**bleibt**“ können sich auf eine oder mehrere Personen beziehen (z. B. „er kommt“: 3. Person Singular, „ihr kommt“: 2. Person Plural). Das bedeutet zugleich, dass der Sprecher über jemanden sprechen kann – oder zu mehreren Personen. Deshalb müssen in diesen Zeilen insgesamt vier Kreuze gemacht werden. Die Formen „**erscheinen**“ und „**wissen**“ sind nur im Plural möglich. Es kann hier aber sein, dass mehrere Sprecher über sich selbst reden (z. B. „wir erscheinen“: 1. Person Plural) oder, dass über mehrere Personen gesprochen wird (z. B. „sie erscheinen“: 3. Person Plural). Deshalb müssen in diesen Zeilen drei Kreuze stehen.*
Imperativformen sind in der Tabelle nicht berücksichtigt.

Ü 49: „Die Broken-Windows-Theorie“ – Die Tempora des Verbs bestimmen

Die Verwahrlosung eines Stadtviertels <u>beginnt</u> mit einer zer-	*Präsens*
brochenen Fensterscheibe, die niemand <u>repariert</u>. Das <u>besagt</u>	*Präsens; Präsens*
die sogenannte „Broken-Windows-Theorie“, die Stadtplaner	
vor Jahren in den USA <u>entwickelt haben</u>. Auch Müll, der auf	*Perfekt*
dem Bürgersteig <u>gelandet ist</u> und einfach dort <u>liegen bleibt</u>,	*Perfekt; Präsens*
<u>trägt</u> dazu <u>bei</u>, dass eine Gegend <u>verkommt</u>. Eine Person, die	*Präsens; Präsens*
durch eine solche Straße <u>geht</u>, <u>sagt</u> sich vielleicht: „Ich <u>werde</u>	*Präsens; Präsens; Futur I*
doch nicht den Dreck <u>wegmachen</u>, den andere <u>verursacht</u>	*Perfekt*
<u>haben</u>!“ Oder sie <u>fügt</u> den schon entstandenen Schäden oder	*Präsens*
Verunreinigungen noch weitere <u>hinzu</u>.	
Wahrscheinlich <u>glaubt</u> sie: „Auf mich <u>kommt</u> es ja nicht <u>an</u>.	*Präsens; Präsens*
Andere <u>haben</u> ja auch schon ihren Unrat <u>hinterlassen</u>.“ So	*Perfekt*
<u>wird</u> sie ihre leere Cola-Dose einfach <u>fallen lassen</u>. Und nach	*Futur I*
einiger Zeit <u>wird</u> das ganze Viertel <u>heruntergekommen sein</u>.	*Futur II*
Das Nachsehen <u>haben</u> die Bürger, die dort <u>wohnen</u>. Sie <u>hat-</u>	*Präsens; Präsens*
<u>ten</u> sich ihr Leben dort bestimmt anders <u>vorgestellt</u>.	*Plusquamperfekt*

Hinweis: *Bei einigen Verben handelt es sich um trennbare Verben. Achte darauf, dass du beide Teile unterstrichen hast: „trägt … bei“, „fügt … hinzu“, „kommt … an“.*

Ü 50: Weltraumforschung – Aktiv und Passiv beherrschen

1. a) Rasante Fortschritte sind von der Weltraumforschung gemacht worden.
   b) Inzwischen werden schon Roboter von den Forschern zum Mars geschickt.
   c) Wichtige Informationen sollen von den Robotern gesammelt werden.
   d) Eines Tages wird der Mars von den ersten Astronauten angeflogen werden.

   Hinweis: *Satz* ***a)*** *steht im Perfekt,* ***b)*** *und* ***c)*** *stehen im Präsens, und bei Satz* ***d)*** *handelt es sich um das Tempus Futur I.*

2. Die russische Weltraumagentur Roskosmos und die europäische ESA (European Space Agency) haben ein Experiment organisiert: Sechs Männer werden für einen Zeitraum von 520 Tagen in einen Container eingesperrt. Während dieser langen Zeit verfolgen Kameras jeden ihrer Schritte. Die Aufzeichnungen werden zu Forschungszwecken genutzt. Auf diese Weise wird erprobt, welche Belastungen die Crewmitglieder während einer Expedition zum Mars ertragen müssen. Die Bedingungen im All inszenierten die Forscher möglichst real. Nur auf die Schwerelosigkeit wird verzichtet.

Ü 51: Den Konjunktiv richtig verwenden

1. Schüler Tom sagt, manchmal sei es im Unterricht so langweilig, dass er ständig gähnen müsse. Er wisse nicht, weshalb. Aber er könne das einfach nicht unterdrücken. Es überkomme ihn einfach. Komischerweise scheine Gähnen ansteckend zu sein. Denn kaum habe er damit angefangen, da würden seine Mitschüler es ihm nachmachen. Das finde er seltsam.

2. b) Britta **würde** gern einen interessanten Beruf **erlernen**.
   c) Sie **würde** gern viel Geld **verdienen**.
   d) Sie **führe** gern ein Cabrio.
   e) Sie **nähme** gern Reitunterricht.
   f) Sie **würde** gern einen netten Mann **kennenlernen**.
   g) Sie **würde** gern eine Traumhochzeit **feiern**.
   h) Sie **würde** gern eine Familie **gründen**.
   i) Sie **flöge** gern nach Neuseeland.
   j) Sie **hätte** gern genügend Freizeit.

Ü 52: Satzglieder bestimmen

a)

Lachen	ist gesund	.
↑	↑	
Subjekt	Prädikat	

b)

Diese Erkenntnis	haben	Forscher	schon vor langer Zeit	gewonnen	.
↑	↑	↑	↑	↑	
Objekt	Präd. (a)	Subjekt	Adverbiale	Prädikat (b)	

c)

Lachen	lockert	die Muskeln	und	setzt	Glückshormone	frei	.
↑	↑	↑		↑	↑	↑	
Subjekt	1. Prädikat	1. Objekt		2. Präd. (a)	2. Objekt	2. Präd. (b)	

d)

Kinder	beherrschen	diese Gefühlsäußerung	am besten	.
↑	↑	↑	↑	
Subjekt	Prädikat	Objekt	Adverbiale	

e)

Laut wissenschaftlichen Untersuchungen	lachen	Kinder	rund 400 Mal	am Tag	.
↑	↑	↑	↑	↑	
Adverbiale	Prädikat	Subjekt	Adverbiale	Adverbiale	

Hinweis: *Im zweiten Satz ist das Prädikat zweiteilig (a/b), im dritten Satz gibt es zwei Prädikate, wobei das zweite Prädikat aus einem trennbaren Verb besteht, sodass von ihm auch zwei Teile (a/b) benannt werden müssen.*
Die Konjunktion „und“ im dritten Satz verbindet die beiden Prädikate und ist selbst kein Satzglied. Dass die Formulierung „rund 400 Mal am Tag“ aus zwei Adverbialen besteht, zeigt die Umstellprobe. Es ist nämlich möglich, die Wortgruppe zu zerlegen, ohne dass der Sinn dadurch verloren geht, z. B. so: „Am Tag lachen Kinder laut wissenschaftlichen Untersuchungen rund 400 Mal.“ Die Worte „rund 400 Mal“ benennen außerdem eine Häufigkeit (wie oft?), während die Worte „am Tag“ die Dauer angeben (wann? während welcher Zeit?).

Ü 53: „Flugstaffel Walsrode“ – Haupt- und Nebensätze unterscheiden

1. […] Trotz des Regens sind die Bänke an der Bühne fast voll besetzt. Eine Schulklasse ist in den Vogelpark Walsrode gekommen, und ein paar Familien mit Kindern sind da. Gespannt starren sie alle auf einen großen Baum. Dann plötzlich schießt ein schwarz gefiederter Vogel unter den tief hängenden Ästen hervor. Er segelt ein Stück über den Rasen und landet elegant auf dem Unterarm seines Trainers German Alonso.

Der Truthahngeier Sherlock ist bereit für seine Mission: Er soll ein Leichentuch aufspüren, das Alonso kurz zuvor in einem Rasenloch versteckt hat. Sherlock springt auf den Rasen und schreitet auf und ab. Nur wenige Augenblicke später zupft er mit seinem Schnabel die Beute hervor. Er hat seinen Auftrag ausgeführt.
Das Leichentuch hat eine Medizinische Hochschule geliefert, die nicht genannt werden will. Zu makaber könnte das Spektakel wirken, wenn man nicht den tieferen Sinn kennt: Alonso soll seinem Geier beibringen, Leichen aufzuspüren. Der Auftrag dazu kam vor drei Jahren von höchster Stelle [...]. Bisher helfen speziell ausgebildete Spürhunde bei der Leichensuche. Hunde verfügen über 300 Millionen Riechzellen in der Nase, denen auch viele Jahre alte Spuren nicht entgehen. Das Problem besteht darin: Nur mit geschlossener Schnauze können Hunde alle Duftspuren orten, nach fünfzehn Minuten Einsatz brauchen sie eine Pause. Ein Leichenspürhund kann deshalb nur maximal 100 Quadratmeter am Tag absuchen. Falls er auf unwegsamem Terrain eingesetzt wird, schafft er sogar noch weniger. [...]

Quelle: Nadine Querfurth, in: Zeit Wissen 1/2010; www.zeit.de/zeit-wissen/2010/01/Geier-im-Polizeidienst

Hinweis: *Es gibt insgesamt nur fünf Nebensätze: drei Relativsätze und zwei Konjunktionalsätze. Alle anderen Sätze sind Hauptsätze, weil das finite Verb jeweils auf der zweiten Satzgliedposition steht.*

2.

	Satzreihe	Satzgefüge
a) Man weiß nicht, wie erfolgreich das Training von Truthahngeiern sein wird.	☐	☒
b) Es gibt nämlich nur wenige dieser Geier, denn sie werden nur selten gezüchtet.	☒	☐
c) Ob Truthahngeier zwischen dem Geruch toter Tiere und toter Menschen unterscheiden können, ist auch noch unklar.	☐	☒
d) Es kann sein, dass sie im Ernstfall statt eines toten Menschen nur tote Mäuse finden.	☐	☒
e) Die Treffsicherheit der Vögel muss erst genau geprüft werden, und das kann noch einige Zeit dauern.	☒	☐

Ü 54: Sätze verbinden

a) Die Betriebe klagen zunehmend darüber, <u>dass</u> nicht mehr genügend Bewerber für Lehrstellen zur Verfügung stehen.

b) <u>Während</u> die Anzahl der Abiturienten gestiegen ist, gibt es einen Rückgang bei den Schulabgängern an Haupt- und Realschulen.

c) Die Abiturienten möchten lieber an einer Universität studieren, <u>denn</u> die Lehrstellen in einem Betrieb haben an Attraktivität verloren.

d) Bei der Firma Siemens ist die Zahl der Bewerber deutlich gesunken, <u>deshalb</u> werben inzwischen sogar große Betriebe um Auszubildende.

e) Man sollte sich auf ein Bewerbungsgespräch vorbereiten, <u>auch wenn</u>/<u>obwohl</u> es nicht mehr so viele Konkurrenten um einen Ausbildungsplatz gibt.

f) Der erste Eindruck ist oft entscheidend, <u>darum</u> sollte man angemessen gekleidet sein.

Ü 55: Relativsätze bilden

a) Bei jedem Surfen im Internet hinterlassen wir Spuren, die sich nicht so leicht löschen lassen.

b) Es handelt sich stets nur um ein paar Daten, die unser Computer speichert und preisgeben kann.

c) Manchmal sind es nur einzelne Wörter, die wir in Suchmaschinen eingegeben haben.

d) Bewerber, die allzu private Daten im Internet hinterlassen haben, können in einem Vorstellungsgespräch einen schlechten Eindruck machen.

e) Inzwischen geben viele Chefs die Namen der Bewerber, die sich bei ihnen vorstellen sollen, in eine Suchmaschine ein.

f) Ein Chef wird einem Bewerber, von dem er im Internet peinliche Fotos entdeckt hat, kein großes Vertrauen entgegenbringen.

Ü 56: „Letzte Chance für ein normales Leben" – ‚das' und ‚dass' unterscheiden

Wer einmal notorischer Blaumacher ist, findet nur	
schwer zurück in die Schule. In Berlin gibt es ein Inter-	
natsprojekt, **das** notorischen Schwänzern	*Relativpronomen*
helfen soll, diesen Teufelskreis zu durchbrechen.	
Das ist ihre letzte Chance.	*Demonstrativpronomen*
Sie sind zwischen 12 und 16 Jahre alt und kommen aus	
Berlin-Neukölln. Eines haben die Jungen und Mädchen	
gemeinsam: **dass** sie die Schule zuletzt nur selten	*Konjunktion*
besuchten. **Das** hat sich inzwischen geändert.	*Demonstrativpronomen*
Denn jetzt lernen sie im Internat „Leben und Lernen".	
Von Sonntagabend bis Freitagnachmittag werden die	
Schüler dort ganztags betreut. Ganze 2 400 Euro kostet	
das pro Schüler – monatlich. Die Eltern zahlen	*Demonstrativpronomen*
davon **das**, was **das** Familienein-	*Demonstrativpron., Artikel,*
kommen zulässt. Den Rest trägt **das** Jugendamt.	*Artikel, Demonstrativpron.*
Das entscheidet auch, wer aufgenommen wird –	
gemeinsam mit den Mitarbeitern der Wohngruppe und	
den Lehrern.	
Ziel des Projekts ist es, **dass** sich die Kinder an	*Konjunktion*
klare Strukturen gewöhnen. Um die Gewohnheiten zu	
durchbrechen, setzt **das** Internat auf Tagesstruk-	*Artikel*
turen mit wenig persönlichen Rückzugsmöglichkeiten.	
Mit Ausnahme eines Einzelzimmers gibt es nur Doppel-	
zimmer. Die aber sind so ausgestattet, **dass** jeder	*Konjunktion*
einen eigenen Schreibtisch und etwas Platz für per-	
sönliche Dinge hat.	
Die Nutzung des Telefons wird nur eingeschränkt erlaubt,	
das gilt auch für Handys. Klar geregelt ist,	*Demonstrativpronomen*
dass die Schüler zu einer bestimmten Zeit auf-	*Konjunktion*
stehen müssen und **dass** sie den Putzdienst für	*Konjunktion*
die Zimmer und Gemeinschaftsräume leisten müssen.	
Einfach ist die Arbeit nicht [...]. Denn wer im Internat	
lebt, steigt nicht automatisch ins normale Schulleben ein.	
Das ist ein Entwicklungsprozess [...].	*Demonstrativpronomen*

Quelle: Mandy Hannemann, news.de 2009, www.news.de/gesellschaft/855026951/letzte-chance-auf-ein-normales-leben/ (gekürzt und leicht geändert)

Lösungen

Original-Prüfungsaufgaben

Abschlussprüfung Deutsch 2019

A: Lesen

1. In dem Textauszug geht es hauptsächlich um …

   b) [X] die Zweckgemeinschaft von zwei unterschiedlichen Menschen.

   Hinweis: *Textbelege dafür sind z. B. Z. 9–16, 21–24, 48–64 und 89–92. Im überwiegenden Teil des Textes geht es darum, dass die beiden unterschiedlichen Männer gemeinsam die widrigen Umstände während der Expedition in Sibirien meistern. Zwischen dem Wissenschaftler Erich und seinem einheimischen Führer Wolodja besteht keine emotionale Verbindung, sondern beide nutzen jeweils die Funktion und die Fähigkeiten des anderen. Der aus Berlin stammende Erich ist Botaniker und leitet die Expedition in Sibirien. Er bezahlt den einheimischen Führer Wolodja, auf dessen Ortskenntnis und Instinkt er angewiesen ist.*
   *Der Überlebenskampf von Menschen und Tieren in der Taiga (Antwort **a**) wird am Ende des Textausschnittes ansatzweise beschrieben. Das ist aber nicht hauptsächlich Inhalt des Textes. Erich beneidet Wolodja um die enge Beziehung zu seinem Hund. Es geht aber nicht vorrangig um die Zusammenarbeit von Mensch und Hund (Antwort **c**). Die Forschungsergebnisse des Wissenschaftlers in Sibirien (Antwort **d**) werden nicht erwähnt, der Text enthält lediglich Beschreibungen der Untersuchungen Erichs während der Expedition.*

2. **Deutungen**

	zu belegen	nicht zu belegen
a) Erich mag den Namen seines Begleiters.	[ ]	[X]
b) Wolodja wirkt passiv.	[X]	[ ]
c) Der Mann vom Busschalter ist auch Arbeitsvermittler.	[X]	[ ]
d) Erich und sein Begleiter konnten sich kaum kennenlernen.	[X]	[ ]
e) Wolodja ist auf Erichs Angebot angewiesen.	[ ]	[X]
f) Der Mann vom Busschalter handelt respektlos.	[X]	[ ]

Hinweis: *a)* *Erich kommentiert den Namen seines Begleiters nicht (vgl. Z. 1 ff.).* ***b)*** *Wolodja wird nicht nur „vorgeführt" wie ein Bulle, sondern auch angepriesen wie eine Ware und lässt dies widerstandslos geschehen (vgl. Z. 1–13).* ***c)*** *Der Mann vom Busschalter will Wolodja als Arbeitskraft vermitteln. Er bringt ihn in Erichs Hotel, weil er weiß, dass der Wissenschaftler einen Führer für seine Expedition sucht (vgl. Z. 5–8).* ***d)*** *Erich hat seinen Begleiter erst „einen Tag vor Expeditionsbeginn" (Z. 3 f.) kennengelernt und kaum mit ihm gesprochen (vgl. Z. 3 f.). Im Text steht, ihre Begegnung sei „karg" (Z. 4), d. h. kurz, wenig ergiebig, ausgefallen.* ***e)*** *Im Text wird nicht erwähnt, dass Wolodja Erichs Angebot annehmen muss, z. B. weil er unbedingt Geld braucht.* ***f)*** *Der Mann vom Busschalter führt Wolodja wie einen „Bullen" (Z. 7) vor, der verkauft werden soll. Er behandelt ihn wie ein Tier, nicht wie einen Menschen.*

3. Der Mann vom Busschalter hat keinen Respekt vor Wolodja. Er sieht in ihm ein Objekt, das er wie eine Ware verkaufen kann. Das zeigt sich daran, dass er Wolodja vorführt wie ein Tier und wie ein Händler seine Vorzüge anpreist, z. B. seine Ortskenntnis und seine körperliche Kraft.

   Hinweis: *Denke bei deinen Ausführungen daran, dass du nicht nur* ***erläutern*** *sollst, welche Einstellung der Mann zu Wolodja hat (erster und zweiter Satz), sondern auch* ***begründen*** *musst, von welchen Verhaltensweisen du dies ableitest (folgender Satz). Du könntest auch schreiben, dass die Respektlosigkeit des Mannes sich darin zeigt, dass er nur mit Erich, nicht aber mit Wolodja selbst spricht.*

4. Wolodja reagiert auf Erichs Versuch, Blickkontakt herzustellen, abweisend. Es heißt, er habe „ebenso scheu wie stark“ (Z. 16) gewirkt. Wolodja vermeidet es wohl, Erich in die Augen zu sehen. Vielleicht sieht er zu Boden oder wendet den Kopf ab.

   Hinweis: *Im Text steht, Erich habe versucht, Blickkontakt herzustellen. Da der nächste Satz mit „doch“ beginnt, kann man darauf schließen, dass der Versuch Erichs offenbar misslingt, es also nicht zu Blickkontakt kommt. Für deine Antwort musst du überlegen, wie sich jemand wohl verhält, der „scheu“ ist und sich in einer so unangenehmen Situation befindet.*

5. *Mögliche Antworten (nur <u>eine</u> erforderlich):*
   - Erich überlegt, das Vorhaben abzubrechen, weil er erkennt, dass die Verständigung mit Wolodja „schwierig“ (Z. 20) würde. Wolodja spricht nicht mit ihm und weicht sogar dem Blickkontakt aus. Aufgrund dieser Sprachlosigkeit kann Erich ihn sich schlecht in der Rolle als Dolmetscher und Führer vorstellen.
   - Erich hätte gerne einen anderen Begleiter (vgl. Z. 17). Vielleicht fürchtet er, sich nicht mit Wolodja zu verstehen. Da es aber keine Alternative zu geben scheint und er auf Wolodja angewiesen ist, überlegt er den Abbruch des Unternehmens.
   - Erich empfindet es als befremdlich, wie der Vermittler Wolodja beschreibt, etwa dass er nicht vorzugsweise in einem Bett übernachtet, sondern „wo er steht und geht“ (Z. 28 f.). Wahrscheinlich möchte er während der langen Expedition niemanden um sich haben, der in seinen Augen so fremdartig und unkultiviert ist.

6. *Mögliche Antworten (nur <u>eine</u> erforderlich):*
   - Erich bricht sein Vorhaben nicht ab, denn er hat sich im Institut ausdrücklich für die Expedition nach Sibirien beworben (vgl. Z. 38 f.). Diese

Forschungsreise scheint für ihn also von besonderem Interesse zu sein, sodass ein Abbruch eine persönliche Enttäuschung und Niederlage wäre.

- Erich glaubt, dass seine Kollegen im Institut Verständnis für einen Abbruch hätten, wenn er von den widrigen Umständen erzählen würde (vgl. Z. 33–38). Es wäre ihm ihnen gegenüber aber trotzdem peinlich oder unangenehm, wenn er nicht bei seinem Entschluss bliebe.

7. Wolodja ist ein Dolmetscher anderer Art, weil er nicht zwischen Erich und anderen Menschen vermittelt, sondern zwischen Erich und der rauen Natur Sibiriens. Wolodja weiß die Zeichen der Natur zu deuten und übersetzt sie für Erich, indem er ihm Verhaltensanweisungen gibt. Dank seiner Vorkehrungen gegen die Kälte erfrieren sie in der Nacht nicht.

Hinweis: *Ein Dolmetscher übersetzt einen Wortbeitrag für einen anderen Menschen, weil dieser die betreffende Sprache nicht beherrscht. Für deine Antwort musst du überlegen, was Wolodja übersetzen könnte. In diesem Zusammenhang ist das die „Sprache" der Natur.*

8. **Aussagen**

	trifft zu	trifft nicht zu
a) Erich und Wolodja bewegen sich in unberührter Natur.	☐	☒
b) Wolodja ist die Sicherheit des Schlafplatzes egal.	☐	☒
c) In der Jagdhütte gibt es kein Licht.	☒	☐
d) Erich hat Angst vor der Dunkelheit.	☐	☒
e) Meistens übernachten Wolodja und Erich im Freien.	☒	☐
f) Erich spürt seine Einsamkeit.	☒	☐

Hinweis: a) *Im Text steht nicht, dass Erich und Wolodja sich in völlig unberührter Natur bewegen, denn es gibt dort auch Jagdhütten (vgl. Z. 48–51).* **b)** *„Wolodja kannte Plätze, an denen es sich auch ohne Behausung* ***sicher*** *übernachten ließ" (Z. 48–50).* **c)** *In den Jagdhütten ist es „stets dunkel" (Z. 52).* **d)** *Es gibt keinen Hinweis darauf, dass Erich Angst im Dunkeln hat.* **e)** *Ab und zu übernachten die beiden auch in Jagdhütten, dies geschieht aber nur „mitunter" (Z. 50), was so viel bedeutet wie „gelegentlich". Meistens übernachten sie demnach im Freien (vgl. Z. 100–102).* **f)** *Vgl. Z. 60–64.*

9. **Aussagen**

	zu belegen	nicht zu belegen
a) Der Hund hört auf den Namen Laika.	☐	☒
b) Erich interessiert sich für den Hund.	☒	☐
c) Der Hund nimmt kein Futter von Erich.	☒	☐
d) Der Hund spürt das Wild auf.	☐	☒

	trifft zu	trifft nicht zu
e) Der Hund hält Abstand zu Erich.	☒	☐
f) Wolodja verbietet, dass Erich den Hund füttert.	☐	☒

Hinweis: ***a)*** *Erich kennt den Namen des Hundes nicht (vgl. Z. 74 f.). „Laika" ist die Bezeichnung für eine sibirische Hunderasse.* ***b)*** *Er legt dem Hund Knochen hin (vgl. Z. 79–81) und macht Zeichnungen von ihm (vgl. Z. 85–88).* ***c)*** *Vgl. Z. 79–81.* ***d)*** *Im Text steht, dass sie Fleisch von Tieren essen, die Wolodja erlegt hat (vgl. Z. 78 f.). Es wird aber nicht erwähnt, dass der Hund das Wild aufgespürt hat.* ***e)*** *Er ignoriert ihn (vgl. Z. 75 f.) und zeigt sich „unnahbar" (Z. 88).* ***f)*** *Das kann man dem Text nicht entnehmen.*

10. **Erich …**

	trifft zu	trifft nicht zu
a) geht seiner Forschungsarbeit nach.	☒	☐
b) hält seine Eindrücke fest.	☒	☐
c) macht seinem Führer Wolodja Vorwürfe.	☐	☒
d) vergleicht den Hund mit seinem Herrn.	☐	☒
e) setzt den Laika mit wilden Tieren auf eine Stufe.	☐	☒
f) findet Wolodja bemerkenswert.	☒	☐

Hinweis: ***a)*** *Erich sammelt z. B. Proben von Blättern und Wurzeln und macht Zeichnungen von Pflanzen und Tieren (vgl. Z. 82–87).* ***b)*** *Er nutzt ein Notizbuch (vgl. Z. 83–85).* ***c)*** *Erich bereut zwar seine Entscheidung, Wolodja als Führer genommen zu haben (vgl. Z. 89 f.), erhebt ihm gegenüber aber keine Vorwürfe.* ***d)*** *Einen direkten Vergleich führt Erich nicht durch.* ***e)*** *Das Gegenteil ist der Fall: Erich erlebt den Hund als Gefährten Wolodjas, fast wie einen menschlichen Freund.* ***f)*** *Er bewundert ihn (vgl. Z. 91 f.).*

11. *Mögliche Antworten (zwei erforderlich):*
    - Wolodja spürt instinktiv wie ein Tier, dass sich das Wetter ändert und die zunehmende Kälte ihr Leben bedrohen könnte.
    - Wolodja benutzt als Kälteschutz das, was in der Natur vorhanden ist, nämlich trockene Blätter.
    - Wolodja schläft zusammengerollt wie ein Hund neben dem Laika auf dem Fußboden.
    - Wolodja schläft dort, wo er sich gerade aufhält, auch ohne Dach über dem Kopf.
    - Wolodja gähnt wie ein Wolf.
    - Wolodja spricht nicht, sondern kommuniziert über Blicke und über sein Verhalten.

*Hinweis: Antwort **1**: Vgl. Z. 100–127. Antwort **2**: Vgl. Z. 113–116. Antwort **3**: Vgl. Z. 53–59. Antwort **4**: Vgl. Z. 28 f. Antwort **5**: Vgl. Z. 69 f. Antwort **6**: Vgl. Z. 67–69, 113–116.*

12. *Mögliche Antworten (zwei erforderlich):*
    - Bei Gefahr legen sie ihre auf Abstand bedachte Haltung gegenüber Erich ab und nähern sich ihm.
    - Beide helfen Erich, die kalte Nacht zu überstehen: Wolodja stopft Erichs Kleidung mit trockenen Blättern aus und der Laika wärmt ihn mit seiner körperlichen Nähe.
    - Beide kehren nach überstandener Gefahr zu ihren gewohnten Verhaltensweisen zurück.

13. C [X] passt am besten, denn…

    … die beiden sich teilweise überschneidenden Kreise zeigen das Verhältnis von Wolodja und seinem Hund, das sehr eng ist. Der separate Kreis symbolisiert Erich, der Abstand zu beiden hat.

    ***Hinweis:** Das Verhältnis der drei ist im Hinblick auf ihre Nähe und Distanz zueinander verschieden. Nur in Abbildung C spiegelt sich das wider, da hier zwei Kreise dicht beieinander liegen und einer etwas entfernt ist. Somit wird hier die Nähe des Laikas zu Wolodja und der Abstand Erichs zu ihnen wiedergegeben.*

14. *Mögliche Antworten (zwei erforderlich):*

    Erich bewundert Wolodja, denn …
    - dieser zeigt sich unbeeindruckt von der respektlosen Behandlung durch den Mann vom Busschalter und ruht in sich selbst.
    - er beweist während der Expedition seine gute Ortskenntnis.
    - er ist genügsam und widerstandsfähig.
    - er wirkt unabhängig und stark.
    - er hat eine enge Verbindung zu dem Laika und ist auch ohne die Gesellschaft von anderen Menschen nicht einsam.
    - er spürt instinktiv aufkommende Gefahren in der Wildnis und kennt Schutzmaßnahmen.

    ***Hinweis:** Du findest im gesamten Textausschnitt Hinweise, die die Behauptung stützen können.*

15. *Mögliche Antworten (nur jeweils eine erforderlich):*

    Einerseits passt der Name, denn …
    - Wolodja ist stark wie ein Bär und hält wie ein Herrscher Abstand zu anderen Menschen.
    - Wolodja „beherrscht“ seine kleine Welt in Sibirien/die Natur.
    - Wolodja führt die Gruppe an und Erich und der Hund folgen ihm.

Andererseits passt der Name nicht so gut, denn …

- Wolodja beherrscht nicht die ganze Welt, sondern nur seinen einheimischen Lebensraum.
- Wolodja ist nicht reich und mächtig wie ein Weltherrscher, sondern lebt bescheiden und zurückgezogen.
- Wolodja ist nicht klein, sondern ein großer, kräftiger Mann.

16. *Mögliche Antworten (nur <u>jeweils eine</u> erforderlich):*

Die Aussage trifft zu, denn …

- in dem Romanauszug herrscht vorwiegend Stille. Erich und Wolodja sprechen so gut wie nicht miteinander.
- in dem Romanauszug wird überwiegend beschrieben, wie der Wissenschaftler Erich mit seinem Führer Wolodja durch die stille Natur Sibiriens wandert. Aufregende Handlung gibt es kaum.

Die Aussage trifft nicht zu, denn …

- es entsteht Spannung durch die unterschiedlichen Charaktere der beiden Hauptpersonen. Beim Lesen entsteht der Eindruck, es könne jederzeit zu einer Auseinandersetzung zwischen den beiden Männern kommen.
- der Ort der Handlung erzeugt schon eine gewisse Spannung. In der Wildnis können sich viele gefährliche Situationen ergeben.

17. d) ☒ Es wird aus Erichs Sicht erzählt.

Hinweis: *Das zeigt sich schon im ersten Absatz, wo die erste Begegnung der Hauptfiguren aus seiner Sicht beschrieben wird. Es finden sich keine umgangssprachlichen Ausdrücke im Text (Antwort **a**) und Vorausdeutungen werden nicht gemacht (Antwort **b**). Auch innere Monologe, in denen eine Person in einer Art Selbstgespräch Gedanken und Gefühle in der Ich-Form äußert, kommen nicht vor (Antwort **c**).*

18. d) ☒ Zeitraffung

Hinweis: *Bei dieser Frage musst du zwischen der Zeit, die das erzählte Geschehen dauert (= erzählte Zeit), und der Zeit, die das Erzählen selbst dauert (= Erzählzeit), unterscheiden. Die erzählte Handlung umfasst einen Zeitraum von mehreren Monaten (vgl. Z. 65 ff.). Die Geschehnisse in dieser Zeit werden zusammengefasst, also **gerafft**, sodass die erzählte Zeit länger als die Erzählzeit ist. Bei einer Zeitdeckung (Antwort **a**) müsste die erzählte Zeit mit der Erzählzeit übereinstimmen. Eine Zeitdehnung (Antwort **b**) läge dann vor, wenn die Erzählzeit länger als die erzählte Zeit wäre. Das Geschehen würde dabei sehr detailliert und ausführlich wiedergegeben werden. Einen Zeitwechsel (Antwort **c**) kann man in diesem Text auch nicht finden, es gibt keinen Wechsel beim Erzähltempus, keine Rückblicke oder Vorausdeutungen.*

B: Sprache

1.

Beispielsatz	Rhetorisches Mittel
Er schläft, wo er steht und geht.	Reim/Übertreibung
Der nimmt es mit jedem Bären auf und kennt alle Wege durch die Taiga.	Übertreibung
Nach Sibirien. Nur er.	Ellipse
Mit einem schnellen Schritt über das Feuer kam Wolodja näher (…).	Alliteration
Der Mann vom Busschalter war in Erichs Hotel gekommen und hatte Wolodja vorgeführt wie einen Bullen.	Vergleich

***Hinweis:** Satz **1**: Hier sind zwei Lösungen möglich, eine genügt aber, um den Punkt zu erhalten. In dem Satz reimen sich die Wörter „steht“ und „geht“. Außerdem handelt es sich um eine Übertreibung, denn auch wenn Wolodja bei seinem Schlafplatz nicht wählerisch ist, schläft er dennoch nicht tatsächlich überall. Satz **2**: Der Arbeitsvermittler übertreibt bei der Beschreibung der Fähigkeiten Wolodjas. Selbst er würde nicht gegen jeden Bären gewinnen und kennt nicht alle Wege in der Taiga. Satz **3**: Ellipsen sind unvollständige Sätze, bei denen Satzteile fehlen. Im ersten Satz fehlen Subjekt und Prädikat, es handelt sich lediglich um eine adverbiale Bestimmung des Ortes. Im zweiten Satz fehlt das Prädikat, hier wird nur das Subjekt genannt. Satz **4**: Die beiden benachbarten Wörter „schnell“ und „Schritt“ weisen denselben Anlaut auf. Satz **5**: Der respektlose Umgang des Mannes mit Wolodja wird mit einem bildhaften Ausdruck veranschaulicht („wie einen Bullen“). Auf einen Vergleich weist auch das Vergleichswort „wie“ hin.*

2. **(1)** Der Konjunktiv II drückt hier eine Möglichkeit aus, nämlich Erichs mögliche Rückreise nach Deutschland und die Reaktionen, die ihn dort möglicherweise erwarten. In Wirklichkeit hat er nicht vor, die Expedition abzubrechen, es ist nur eine gedankliche Erwägung.

   (2) Der Konjunktiv I wird hier verwendet, um in der indirekten Rede wiederzugeben, was jemand („er“) gesagt hat.

   ***Hinweis:** Der Konjunktiv I wird immer in der indirekten Rede verwendet, also dann, wenn man Äußerungen eines anderen wiedergibt. Der Konjunktiv II drückt etwas aus, das zwar sein oder werden könnte, aber (noch) nicht real ist, also z. B. Wünsche oder Möglichkeiten.*

3. Komma **(1)** wird gesetzt, denn es folgen zwei Hauptsätze aufeinander, die nicht durch „und“ oder „oder“ miteinander verbunden sind (Satzreihe).

   Komma **(2)** wird gesetzt, denn es folgt ein Nebensatz (Relativsatz), der durch ein Relativpronomen (hier in Verbindung mit einer Präposition) eingeleitet wird.

Komma **(3)** wird gesetzt, denn es handelt sich um eine Aufzählung.

Hinweis: *Zwei Sätze werden immer durch Komma getrennt, wenn sie nicht durch „und" oder „oder" verbunden sind. Den Unterschied zwischen Hauptsatz und Nebensatz erkennst du an der Stellung des finiten (d. h. gebeugten) Verbs. Im Hauptsatz steht die finite Verbform meist an zweiter Stelle, im Nebensatz am Ende des Satzes. Ein Relativsatz bezieht sich auf ein im Hauptsatz genanntes Nomen („Waldgebieten") und bestimmt dieses näher. Vor dem einleitenden Relativpronomen kann, wie bei diesem Beispiel, auch eine Präposition (z. B. „in", „mit", „auf") stehen.*

4. **Wortwahl/Ausdruck:**

Text A ist in gehobener Sprache formuliert. Es werden z. B. Ausdrücke wie „Behausung", „mitunter", „Hüne", „Komfort" und „Weggefährte" benutzt. Außerdem werden Adjektive zur näheren Beschreibung der Nomen verwendet. Diese Ausdrucksweise findet man besonders in literarischen Texten. Text B dagegen ist nüchtern und sachlich in der Ausdrucksweise. Auf die Verwendung von Adjektiven wird weitgehend verzichtet. Diese Ausdrucksweise entspricht eher der allgemein gebrauchten Sprache.

Satzbau:

Text A weist komplexe Satzgefüge auf, in denen auffallend viele Relativsätze vorkommen, die Umschreibungen enthalten. Text B ist in eher kurzen Sätzen geschrieben. Dabei handelt es sich überwiegend um Hauptsätze.

C: Schreiben

Schreibaufgabe 1: Charakteristik

__Hinweis:__ Bei einer Charakteristik hast du die Aufgabe, eine literarische __Figur__ mit ihren __äußeren Merkmalen__ (z. B. Name, Alter, Aussehen, Beruf, Lebensumstände) und ihrer __Persönlichkeit__, also ihren Charaktereigenschaften und Wesenszügen, zu beschreiben.

Angaben über die äußeren Merkmale findest du meist direkt im Text. Am besten unterstreichst du sie gleich beim Lesen, um sie zu sammeln. Der Charakter einer Person wird oft nicht direkt beschrieben, sondern er wird durch __Handlungen, Verhaltensweisen, Aussagen und Gedanken__ deutlich. Von diesen indirekten Hinweisen musst du __Rückschlüsse__ auf typische Merkmale des Charakters ziehen. Markiere zur Vorbereitung deiner Ausführungen deswegen mit einer anderen Farbe alle Textstellen, in denen die Person in ihrem Handeln, Denken und Sagen etwas Typisches erkennen lässt.

Nenne in der __Einleitung__ in einem Satz zunächst die grundlegenden Textinformationen (Erscheinungsjahr, Textsorte, Titel, Verfasser) und das Thema. Erwähne dabei am besten auch, dass der Text aus der Perspektive Erichs geschrieben ist, weil dies die Darstellung prägt. Stelle dann die Hauptperson Erich in ihren Grundzügen vor: Nenne den Namen, Beruf und Wohnort. Weitere direkte Angaben zu den äußeren Merkmalen Erichs findest du in diesem Romanauszug nicht, sodass du Rückschlüsse aus den geschilderten Umständen ziehen und Vermutungen anstellen musst.

Im __Hauptteil__ beschreibst du dann zunächst Erichs Fähigkeiten und Kenntnisse. Dies betrifft die Planung seiner Forschungsreise hinsichtlich der geografischen und sprachlichen Bedingungen und eventueller Schutzmaßnahmen. Dann nennst du die Fähigkeiten, die er während der Expedition zeigt. Dabei geht es um seine Arbeit als Botaniker und um sein zeichnerisches Talent. Danach gehst du ausführlich auf Erichs Charaktereigenschaften und Wesensmerkmale ein. Beschreibe dazu sein Verhalten und seine Gedanken und führe aus, welche Eigenschaften du daraus ableiten kannst. Wichtig ist, dass du deine Ausführungen mit geeigneten __Textzitaten__ belegst. Du kannst direkt im Wortlaut zitieren oder mit eigenen Worten umschreiben, was im Text steht. Im Trainingsteil findest du Hinweise, wie man richtig zitiert.

Im __Schlussteil__ fasst du noch einmal zusammen, welche besonderen Wesensmerkmale Erich ausmachen. Auch eine Bewertung seiner Person kannst du hier vornehmen.

Da es sich um eine Analyse handelt, solltest du __sachlich formulieren__ und umgangssprachliche Ausdrücke vermeiden. Als Zeitform verwendest du das __Präsens__, bei Vorzeitigkeit das Perfekt.

Einleitung
Textinformationen: Textsorte, Erscheinungsjahr, Titel, Autor, Thema, Perspektive

In dem Textausschnitt des im Jahr 2017 erschienenen Romans „Betrunkene Bäume“ von Ada Dorian wird aus Sicht des Naturwissenschaftlers Erich erzählt, was er mit einem einheimischen Führer und dessen Hund während einer Expedition in Russland erlebt.

Vorstellen der Figur, äußere Merkmale:
– Beruf, Wohnort, Anlass der Reise

Erich arbeitet als Wissenschaftler in einem Institut in Berlin. Er ist Botaniker und macht eine Forschungsreise durch das nördliche Sibirien. Über Alter, Aussehen und Lebensumstände des Mannes findet man im Text keine Angaben, sodass man nur Vermutungen darüber anstellen kann. Da

Erich eine anstrengende Expedition unter schwierigen Bedingungen in Sibirien plant, ist anzunehmen, dass er ein gesunder Mann in jüngerem Alter ist, denn seine körperliche Verfassung muss eine Reise dieser Art zulassen. Er scheint alleine zu leben, denn sonst würde er in einsamen Situationen an seine Familie oder seine Freunde denken. Auch die Tatsache, dass er der Einzige in seinem Institut ist, der sich für die gefährliche Forschungsreise nach Sibirien gemeldet hat (vgl. Z. 38–40), spricht dafür, dass er keine Rücksicht auf Angehörige nehmen muss und ein Abenteuer dieser Art wagen kann.

– Alter, körperlicher Zustand (Vermutungen)
– Familien- und Lebensverhältnisse (Vermutungen)

Hauptteil
Fähigkeiten/Unfähigkeiten:
– keine planvolle Vorbereitung der Reise

Die Expedition führt er alleine, als einziger Wissenschaftler aus seinem Institut durch. Bei seinem Eintreffen in Sibirien wird deutlich, dass er die Reise nicht planvoll vorbereitet hat. Er muss sich nach seiner Ankunft einen einheimischen Führer suchen, weil er selbst keine Ortskenntnisse hat und nicht Russisch spricht. Auch Schutzmaßnahmen gegen die Gefahren einer Reise im rauen Klima Sibiriens hat er offenbar nicht bedacht.

– erfahrener Botaniker

Während der Expedition arbeitet Erich in seinem Fachgebiet, der Botanik. In geübter Weise erfasst er das Pflanzenmaterial, das wahrscheinlich später im Institut in Berlin ausgewertet werden soll: „Tagsüber sammelte Erich Proben von Blättern und Wurzeln." (Z. 82 f.) Dem gleichen Zweck dienen die Zeichnungen von Pflanzen und Tieren, die sie unterwegs sehen. Er zeichnet aber nicht nur die Dinge, die für ihn als Botaniker von Interesse sind, sondern wendet sein zeichnerisches Talent auch auf seinen Begleiter Wolodja und dessen Hund an. Da beide keine Nähe zulassen, nutzt er seine Begabung, um sich mit ihnen auseinanderzusetzen: „Er machte Zeichnungen von Pflanzen und Tieren, die sie auf ihrem Weg gesehen hatten, mitunter auch von dem unnahbaren Laika – und von Wolodja." (Z. 85–88) Da er an den „einsiedlerischen Riesen" (Z. 91 f.) nicht herankommt, beschränkt er sich auf das genaue Beobachten und Zeichnen seines Äußeren: „Er fertigte Zeichnungen von seiner Kleidung an, die schlicht und praktisch war." (Z. 92–94)

– guter Beobachter und Zeichner

Wesenszüge und Eigenschaften:

Erichs Wesenszüge werden schon bei der ersten Begegnung mit seinem zukünftigen Reisebegleiter deutlich. Er möchte Wolodja höflich behandeln und Kontakt zu ihm herstellen, gibt aber schnell auf, als ihm dies nicht gleich gelingt: „Erich hatte versucht, wenigstens Blickkontakt zu seinem zukünftigen Reisebegleiter herzustellen, doch dieser wirkte ebenso scheu wie stark." (Z. 13–16) Die Frage an den Arbeitsvermittler, ob er für Wolodja ein Zimmer organisieren solle, zeigt darüber hinaus eine gewisse Fürsorge (vgl. Z. 25 f.). Erich geht davon aus, dass Wolodja ähnlich wie er selbst das Bedürfnis hat, in einem Zimmer zu übernachten. Dieser Versuch der Annäherung scheitert allerdings am Eingreifen des Vermittlers, der es für Verschwendung hielte, wenn Wolodja dieser Komfort geboten würde (vgl. Z. 27–30).

– höflich, aber gibt schnell auf

– fürsorglich, bemüht

Erich tritt während des Gesprächs gegenüber dem Arbeitsvermittler nicht besonders energisch auf und kann sich nicht durchsetzen. Er hat auch nicht die Kraft oder den Mut, den Mann wegen der schlechten Behandlung Wolodjas zurechtzuweisen, und so lässt er kommentarlos geschehen, dass dieser Wolodja „wie einen Bullen" (Z. 7) vorführt. Weiterhin gelingt es ihm aufgrund seiner Zögerlichkeit auch nicht, den Mann dazu zu bewegen, ihm einen anderen Führer zu vermitteln: „‚Einen anderen kennen Sie nicht?', hatte Erich vorsichtig gefragt, als deutlich wurde, dass die Verständigung schwierig werden würde." (Z. 17–20) Als der Arbeitsvermittler nicht einlenkt, sondern Wolodja weiter anpreist, unternimmt Erich keinen weiteren Versuch und nickt nur ergeben (vgl. Z. 25).

– nicht energisch, keine Durchsetzungskraft

– zurückhaltend

– zögerlich

Der eher schwache Charakter Erichs zeigt sich auch hinterher, als er seine Entscheidung bereut. Wankelmütig zweifelt er an Wolodjas Fähigkeiten und an dessen Eignung als Führer, sodass er sogar in Erwägung zieht, die Expedition abzubrechen: „Er könnte zurück nach Deutschland reisen und im Institut erzählen, die Umstände seien zu widrig gewesen, um tiefergehende Forschung zu betreiben." (Z. 33–36) Doch weil gerade er es war, der sich für die Expedition nach Sibirien beworben hat, verwirft er diesen Gedanken wieder.

– schwach, wankelmütig

Er befürchtet, dass der Abbruch der Expedition als ein persönlicher Misserfolg gesehen werden und sein Ansehen leiden könnte (vgl. Z. 38–40). Dass ihm die Meinung anderer, in diesem Fall seiner Kollegen, so wichtig ist, spricht für ein eher geringes Selbstbewusstsein Erichs.

– hat Angst, Ansehen zu verlieren, nicht sehr selbstbewusst

Während der Expedition denkt der Wissenschaftler über seine persönliche Situation nach. Dabei wird ihm bewusst, wie einsam er ist. Als er Wolodja und dessen Hund nebeneinander auf dem Fußboden schlafen sieht, beneidet er sie um ihre Verbundenheit: „Doch bei aller Verwunderung war Erich schmerzlich bewusst, dass er es war, der in diesen Nächten allein war, und nicht der mundfaule Mann aus den Wäldern.“ (Z. 60–64) Erich fühlt sich ausgeschlossen, weil Wolodja keinerlei Interesse an ihm zeigt und ihn nicht teilhaben lässt an dem, was er tut: „Drei Monate lang hörte Erich von seinem Begleiter nur einzelne Laute: das wolfshafte Gähnen am Morgen, die Pfiffe, die nicht Erich, sondern dem Laika galten, und die Melodie, die Wolodja auf den Wanderungen summte.“ (Z. 67–73) Obwohl sie monatelang gemeinsam unterwegs sind, entsteht keinerlei Vertrautheit zwischen den Männern. Auch der Hund lässt keine Nähe zu und ignoriert Erich. Dieser kann noch nicht einmal den Namen des Laikas in Erfahrung bringen und selbst mit Essensangeboten lässt sich das Tier nicht locken (vgl. Z. 74–81).

– nachdenklich in Bezug auf die eigene Situation: fühlt sich einsam und ausgeschlossen

Da weder Wolodja noch der Hund Erich an sich herankommen lassen, wird dieser zum Beobachter von Wolodjas Verhalten. Dem in westlicher Kultur lebenden Wissenschaftler fehlt das Verständnis für seinen Begleiter, der in der rauen Natur Sibiriens zu Hause ist und dem Komfort nichts bedeutet. Wolodja kommt ihm deshalb wie ein Tier vor (vgl. Z. 48–60). Gleichzeitig bewundert er ihn aber auch, weil er stark und unabhängig wirkt (vgl. Z. 91 f.).

– schwankend in der Beurteilung von Wolodjas Verhalten: fehlendes Verständnis, aber auch Bewunderung/Respekt

Als die Kälte während der Expedition zunimmt, versteht Erich zunächst nicht, dass bzw. wie Wolodja ihn schützen will. Dieser macht ihm vor, wie er sich das Laub unter das Hemd stopfen soll, aber Erich reagiert darauf nicht den Anweisungen entsprechend: „Erich schüttelte den Kopf.“

(Z. 117) Doch als Wolodja das Auspolstern energisch selbst bei Erich vornimmt, akzeptiert dieser die Überlegenheit Wolodjas, ohne sich weiter dagegen zu wehren: „Mit einem schnellen Schritt über das Feuer kam Wolodja näher und zog ihm mit einem geschickten Griff das Hemd aus der Hose. Und ehe Erich wusste, wie ihm geschah, waren Brust und Rücken, Arme und Beine seiner Kleidung mit Laub ausgestopft.“ (Z. 117–124) Erich leistet keinen Widerstand und lässt passiv die Schutzmaßnahme an sich vollziehen. Obwohl er es eigentlich ist, der die Expedition leitet, überlässt er sich fast hilflos wie ein Kind der Tatkraft Wolodjas.

– ordnet sich unter, akzeptiert Wolodjas Überlegenheit

– passiv

Schluss
Zusammenfassung und Bewertung

Zusammenfassend kann man sagen, dass Erich im Umgang mit anderen Menschen zwar gutwillig und bemüht ist, aber wenig Willensstärke und Durchsetzungskraft hat. Schon bei der Begegnung mit dem Arbeitsvermittler zeigt er sich zu vorsichtig und unentschlossen, als es um die Behandlung und Auswahl Wolodjas geht. Trotz seiner Bedenken fehlt ihm auch der Mut, die Expedition abzubrechen, weil diese Entscheidung seinem Ansehen unter den Kollegen schaden könnte. Während der Expedition wird ihm bewusst, wie willensstark und selbstbestimmt Wolodja in seiner Lebensführung ist. Erich empfindet sein Verhalten zwar als unkultiviert, bewundert ihn aber, weil er im Gegensatz zu seiner eigenen Person stark, unabhängig und selbstbewusst ist. In der Notsituation verfällt er deswegen in völlige Passivität und überlässt dem überlegenen Wolodja das Handeln. Erich leidet darunter, dass Wolodja von sich aus keinen Kontakt zu ihm aufnimmt und nur die Vertrautheit mit seinem Hund pflegt. Es gelingt ihm jedoch nicht, aus seiner Position des Beobachters herauszukommen.

mögliche Lösung für Erichs Probleme/ Defizite

Erich müsste von sich aus auf Wolodja zugehen, um den Abstand und damit auch seine Einsamkeit zu überwinden. Wenn er dabei glaubwürdig und entschlossen auftritt, wird Wolodja ihn vielleicht akzeptieren.

Schreibaufgabe 2: Argumentation

Hinweis: *Bei dieser Aufgabe sollst du dich in die Rolle einer Freundin oder eines Freundes hineinversetzen und einen persönlichen Brief schreiben, indem du mögliche Chancen und Probleme eines Freiwilligendienstes in Kanada darlegst. Du musst also die Merkmale der* ***Textsorte Brief*** *berücksichtigen. Da es ein persönlicher Brief ist, genügen am Anfang des Schreibens die Angaben von Ort und Datum. Berücksichtige bei der Wahl der Anrede, dass Absender und Adressat etwa in deinem Alter sind.*

In der Aufgabenstellung wird als Textsorte eine ***Argumentation*** *verlangt. Vertrauter wäre dir wahrscheinlich die Bezeichnung „Erörterung". Auch wenn es sich hier, was die äußere Form betrifft, um einen Brief handelt, kannst du dich an dem dreiteiligen Aufbau einer Erörterung orientieren, bei der du deine Ausführungen in Einleitung, Hauptteil und Schluss gliederst.*

Beginne nach der ***Anrede*** *nicht unmittelbar mit deinen Argumenten, sondern finde für die* ***Einleitung*** *einen Einstieg, der für einen Brief üblich ist. Frage z. B. zunächst nach dem Befinden des Adressaten und knüpfe an mögliche vorausgegangene Gespräche an. Gehe dann auf den Schreibanlass ein: Du bist gebeten worden, deinem Freund/deiner Freundin einen Rat zu erteilen. Er/Sie möchte wissen, ob du seine/ihre Teilnahme an dem in der Anzeige beworbenen Freiwilligendienst in Kanada befürwortest oder nicht.*

Als ***Überleitung*** *zum* ***Hauptteil*** *bietet sich ein Satz dazu an, dass du dich mit dieser Frage auseinandersetzen wirst, indem du sowohl positive als auch negative Gesichtspunkte anführst. Finde dann mindestens drei Argumente <u>für</u> und drei Argumente <u>gegen</u> den Freiwilligendienst in Kanada. Am besten sammelst du diese Argumente zunächst auf einem separaten Blatt und entscheidest dich, zu welcher Meinungsäußerung du im Schlussteil kommen möchtest. Davon hängt nämlich die Anordnung deiner Argumente ab: Beginne die Argumentation mit der Gegenposition (also die, zu der du am Ende <u>nicht</u> raten willst) und führe danach die Gesichtspunkte aus, die deine Meinung stützen.*

Ordne deine Argumente nach Wichtigkeit: Bei der Gegenseite beginnst du mit dem stärksten Argument und lässt sie dann schwächer werden. Bei den Argumenten, die für deine Position sprechen, verfährst du genau umgekehrt und führst das wichtigste Argument ganz am Ende des Hauptteils aus. Alternativ kannst du deine Argumentation auch so aufbauen, dass jeweils ein Argument der Gegenseite direkt im Anschluss durch ein Argument entkräftet wird, das deine Meinung stützt. Denke in jedem Fall daran, passende Begründungen und Beispiele zur Veranschaulichung deiner Gedanken zu finden.

Formuliere im ***Schlussteil****, zu welchem Ergebnis du gekommen bist und welchen Rat du aufgrund deiner Argumentation deinem Freund/deiner Freundin erteilen möchtest. Weise noch einmal auf dein wichtigstes Argument hin. Ideal wäre, wenn du bei deinem Rat auch die Gegenargumente mit einbeziehst und versuchst, sie durch einen Kompromissvorschlag teilweise zu entkräften. Als Abrundung des Briefes kannst du um Rückmeldung bitten oder auch einen Ausblick auf ein Treffen geben. Der Brief endet mit einer passenden Grußformel und mit der Unterschrift des Verfassers.*

Formal solltest du darauf achten, die Perspektive des Freundes/der Freundin durchgehend beizubehalten. Sprich den Adressaten in deinem Brief an einigen Stellen direkt an. Es können auch einige Elemente ***mündlicher Kommunikation*** *in deinem Text vorkommen, wie z. B. Fragen, Ausrufe, unvollständige Sätze oder Ausdrücke aus der Umgangssprache. Überwiegend solltest du aber die* ***Standardsprache*** *verwenden.*

Kiel, 14. 5. 2019 *Ort, Datum*

Hallo Julius, *Anrede*

Einleitung *Frage nach Befinden, Anknüpfen an letzte Gespräche*

wie geht's denn so? Alles klar bei dir? Hast du inzwischen die Arbeiten für deinen Abschluss hinter dich gebracht? Die Prüfung scheinst du ja schon abgehakt zu haben, denn sonst würdest du dir vermutlich nicht so intensiv Gedanken darüber machen, wie es für dich weitergehen soll.

Schreibanlass

Als ich die Anzeige gelesen habe, die du mir geschickt hast, war ich wirklich erstaunt über deinen Mut. Für ein halbes Jahr Freiwilligendienst? Und das in der Wildnis von Kanada? Mensch, Julius, das sind ja spannende Pläne! Ich habe mich sofort an die Erfahrungen eines Bekannten erinnert, der so etwas schon mal gemacht hat. Daher weiß ich allerdings auch, dass so ein Vorhaben gut überlegt sein will. Du denkst im Moment nur an die tollen Möglichkeiten, aber es könnten auch Probleme damit verbunden sein.

Hauptteil *Argumente gegen den Freiwilligendienst*

1. Argument: Aufenthalt abseits der Zivilisation

Ich beginne mal damit, dich auf mögliche Gefahren hinzuweisen, weil du die wahrscheinlich vor lauter Begeisterung nicht siehst. In der Anzeige steht, dass du „abseits der Zivilisation" in der Wildnis untergebracht werden sollst. Ich weiß, dass du richtig fit bist, sodass du die körperlichen Voraussetzungen für diesen Aufenthalt erfüllst. Aber was ist, wenn du plötzlich krank wirst oder einen Unfall hast, aber kein Arzt oder Krankenhaus in der Nähe ist? Du bist dann irgendwo in der Wildnis und es könnte gefährlich für dich sein, wenn du lange Wege zurücklegen musst, bevor du Hilfe bekommst.

Beispiel: schwierige medizinische Versorgung

Und was machst du, wenn dir die Tätigkeit nicht gefällt und du nach Hause möchtest? Oder wenn dich Heimweh überkommt und du es in der Wildnis nicht mehr aushältst? Wie willst du schnell zurückkommen, wenn es keine richtigen Straßen gibt oder kein Fahrzeug, das dich transportieren kann? Natürlich ist nicht gesagt, dass es so kommt, aber es könnte passieren.

Beispiel: schlechte Verkehrsanbindung

2. Argument: fehlender Komfort

Der Anzeige kann man auch entnehmen, dass dein Aufenthalt nicht gerade komfortabel ausfallen wird. Du bist in einer

„einfachen Gemeinschaftsunterkunft mit eingeschränkten Heizungsmöglichkeiten“ untergebracht und musst dich mit den anderen gemeinsam verpflegen. Das bedeutet vielleicht, dass du zum Schlafen nur eine unbequeme Pritsche in einem kalten Holzschuppen hast.

Beispiel: Schlafplatz

Hinzu kommt das Zusammenhocken mit fremden Leuten auf engem Raum. Möglicherweise hast du noch nicht einmal ein eigenes Zimmer oder einen Rückzugsraum. Die anderen Teilnehmer sind dann immer da, stören dich vielleicht. Es nehmen nicht immer alle Rücksicht aufeinander. Oft ist zum Beispiel jemand dabei, der laut Musik hört, die man nicht mag. Das kann unangenehm sein. Auch die Unordnung der anderen ist manchmal nervig. Stell dir nur vor, du musst ständig über die schmutzige Wäsche deiner „lieben“ Mitbewohner steigen oder ertragen, dass sie nach dem Essen ihr benutztes Geschirr in der Spüle stehen lassen.

Beispiel: unbekannte Mitbewohner, fehlende Rückzugsmöglichkeit

Denke auch daran, was so ein Aufenthalt unter Umständen kosten wird. In der Anzeige kann ich dazu keine Angaben finden, aber ich habe von meinem Bekannten gehört, wie teuer so ein Freiwilligendienst in Kanada ist. Er war mit anderen Freiwilligen zusammen drei Monate lang in einem Naturschutzpark in Kanada eingesetzt und hat dort die Arbeit einer Umweltorganisation unterstützt. Für diesen Aufenthalt musste er über 2 000 Euro zahlen. Der Hin- und Rückflug waren in diesem Preis zwar schon enthalten, aber du willst ja nicht nur drei, sondern sechs Monate bleiben. Wenn man die anderen Kosten in Kanada, wie z. B. das Geld für die Busfahrten zwischen Flughafen und Naturschutzpark, und dein Taschengeld, das du dort benötigst, hinzurechnet, kommen leicht mehrere Tausend Euro zusammen. Das ist viel Geld für deine Eltern, finde ich. Oder hast du selbst so viel auf die hohe Kante gelegt?

3. Argument: hohe Kosten

Beispiel: Flugkosten

Beispiel: Kosten vor Ort / Taschengeld

Nun ist es aber genug mit der Schwarzmalerei. Denn es gibt natürlich auch viele Punkte, die für den Freiwilligendienst sprechen. Für dich tun sich bei einem Aufenthalt in Kanada große Chancen auf. Ich denke dabei z. B. an die Verbesserung deiner Englischkenntnisse, was dir später nützen kann. Gute

Argumente <u>für</u> den Freiwilligendienst

1. Argument: Verbesserung der Sprachkenntnisse

Englischkenntnisse werden zwar schon als Voraussetzung für deine Bewerbung für den Aufenthalt genannt, aber du bekommst ja immer mehr Übung, je länger du im Land selbst bist. Wenn du dich ein halbes Jahr lang nur auf Englisch verständigen kannst und in allen Alltagssituationen Englisch sprechen musst, wirst du es hinterher bestimmt flüssig beherrschen wie ein echter Engländer bzw. Kanadier. Und mit guten Englischkenntnissen hast du später Vorteile im Beruf und auf Reisen.

Beispiel: Vorteile für Beruf und Reisen

Wichtiger wird dir aber wahrscheinlich sein, dass du mit deiner Arbeit einen Beitrag für den Umweltschutz leisten kannst. Bei der letzten Freitagsdemo haben wir erst darüber gesprochen, wie wichtig es ist, endlich etwas für die Umwelt und den Erhalt der Natur zu tun. Wir waren uns einig, dass sich viel mehr Menschen dafür engagieren müssten. Mit dem Freiwilligendienst hast du Gelegenheit, dieses Vorhaben anzupacken, und das in Kanada, einem Land, das für seine wunderschöne Landschaft bekannt ist. Oft werden die freiwilligen Helfer zum Beispiel für Tierpflege oder Feldarbeit auf Öko-Bauernhöfen eingesetzt. So kannst du Bauern unterstützen, die Wert auf Nachhaltigkeit und Umweltschutz legen. Damit trägst du dazu bei, dass gesunde Lebensmittel auf den Markt kommen, dass Tiere gut behandelt werden und dass eine Landwirtschaft betrieben wird, die die Natur schont. Das ist ein Einsatz für eine gute Sache und du kannst damit überall punkten, auch später bei Bewerbungen.

2. Argument: Beitrag zum Umweltschutz

Beispiel: Bedeutung von freiwilligem Engagement

Beispiel: Einsatz in ökologischer Landwirtschaft

Der größte Reiz für dich ist natürlich, dass so ein Aufenthalt in Kanada Abenteuercharakter hat. Weit weg von zu Hause kannst du beweisen, dass du in der Lage bist, selbst Verantwortung für dich zu übernehmen. Wenn es schwierig wird, musst du dort selbst nach Auswegen und Lösungen suchen. Ohne Hilfe der Eltern in einem fremden Land abseits der Zivilisation zurechtzukommen, das ist schon eine echte Herausforderung.

3. Argument: Abenteuer erleben, Verantwortungsgefühl und Selbstbewusstsein stärken

Beispiel: Abnabelung

Außerdem härtet es ab, in der Wildnis zu leben und dort mit wenig Komfort auszukommen. Für dich wäre es neu, dein

Beispiel: Abhärtung

Federbett nicht dabei zu haben und dein Essen selbst zu kochen. Du wärst der Kälte und den Unbehaglichkeiten einer Gemeinschaftsunterkunft ausgesetzt und müsstest durchhalten. Wenn du es schaffst, damit, mit der fremden Umgebung, den neuen Aufgaben und vielleicht sogar Gefahren zurechtzukommen, wirst du hinterher bestimmt mit mehr Selbstbewusstsein durch die Welt gehen. Gerade solche Herausforderungen, Erlebnisse und einzigartigen Erfahrungen sind es doch, die das Leben spannend machen.

Beispiel: Bewältigen von Herausforderungen

Nach all diesen Überlegungen kann ich nur sagen: Julius, mach es! Das Unternehmen passt zu dir. Nutze diese Chance und schicke deine Bewerbung für einen Freiwilligendienst in Kanada ab. Es gibt zwar einige Ungewissheiten, aber wie heißt es so schön? Wer nicht wagt, der nicht gewinnt! Du hast die Möglichkeit, dich abzunabeln, in einem interessanten Land einen Beitrag zum Umweltschutz zu leisten und dir den Traum von einem Abenteuer zu erfüllen.

Schluss
Auswerten der Argumentation, Nennen der eigenen Position / Rat

Verweis auf wichtigste Argumente

Ich möchte dir jedoch empfehlen, dich mit einer Organisation in Verbindung zu setzen, die Erfahrung mit der Durchführung solcher Auslandsaufenthalte hat und dich während des Aufenthalts betreut. Das minimiert die Risiken für dich – ein wichtiger Gesichtspunkt, finde ich. Im Internet findet man verschiedene Organisationen, die auch Aufenthalte anbieten, die nur über drei Monate gehen. Das wäre doch hinsichtlich der Kosten vielleicht auch interessant, oder?

Kompromissvorschlag

Lieber Julius, ich habe versucht, mir vorzustellen, welche Probleme für dich mit einem Freiwilligendienst in Kanada verbunden sein könnten, aber auch welche einmaligen Chancen sich dir damit bieten. Lies meinen Brief in Ruhe durch und entscheide dich, wenn du alles gut durchdacht hast. Hauptsache ist, dass du zu einer Entscheidung kommst, mit der du dich wohlfühlst. Du kannst dich jederzeit bei mir melden, wenn du quatschen oder dich treffen möchtest.

Abrundung

Tschau und bis bald, *Grußformel*

Jan *Unterschrift*

Abschlussprüfung Deutsch 2020

A: Lesen

1. In dem Text geht es hauptsächlich um …

   c) [X] das Verhältnis zwischen Tochter und Mutter.

   ✎ ***Hinweis:*** *Die Tochter denkt bei ihrem Besuch darüber nach, wie sich ihr Verhältnis zur Mutter entwickelt hat. Sie erinnert sich daran, dass sie schon früher das Bedürfnis hatte, sich abzugrenzen und nicht mehr den Forderungen der Mutter nachzugeben (z. B. Z. 32–51). Nun erkennt sie deren Einsamkeit (vgl. Z. 56–62, 91–94) und Unfähigkeit, sich auf das Leben allein einzustellen (vgl. Z. 94–99). Das aufkommende Mitleid bringt die Tochter in Konflikt mit ihren Ablösungsversuchen (vgl. Z. 165–168).*
   *Im Text geht es nicht vorwiegend um die Pflege von Wildtieren (Antwort **a**), sondern es wird lediglich die Säuberung und Fütterung eines Igels beschrieben. Um Beziehungen zu Nachbarn (Antwort **b**) geht es nur am Rande, speziell um das schwierige Verhältnis zu einer bestimmten Nachbarsfamilie. Der von der Mutter erfundene Aufruf „Ja zum Igel! Nein zum Ziegel!" enthält zwar eine Meinung zum Tierschutz (Antwort **d**), dies ist jedoch nicht das Hauptthema des Textes.*

2. Die Atmosphäre lässt sich passend beschreiben als **vertraut, offen** und **familiär**.

   ✎ ***Hinweis:*** *Die intime Situation im Badezimmer ist nur unter vertrauten Personen denkbar, die aus Familie oder engem Freundeskreis stammen. Fremde Personen würde man nicht am Bad in der Wanne teilhaben lassen. Es reicht die Auswahl von zwei Adjektiven.*

3. Die Bezeichnung „**Fundtier**" drückt aus, dass das Tier zufällig gefunden, nicht gekauft oder gezielt aufgenommen wurde. Sie ist sachlich und enthält keine Wertung.

   Die Bezeichnung „**Schützling**" drückt aus, dass das Tier verantwortungsvoll in Obhut genommen wurde, um ihm zu helfen, z. B. weil seine Existenz oder Gesundheit bedroht ist. Hier schwingt eine positive Wertung mit.

   Die Bezeichnung „**Viehzeug**" drückt aus, dass man keinen Respekt dem einzelnen Tier gegenüber empfindet. Man benutzt den abwertenden Sammelbegriff für Tiere, die man wie Schädlinge loswerden möchte. Er ist also negativ besetzt.

4. Johanna hat ihrer Mutter als Kind begeistert bei der Pflege der gefundenen Tiere geholfen. „Ganze Sonntage " (Z. 34) hat sie damit verbracht und diese Tätigkeit „geliebt" (Z. 34). In der Pubertät hat sie dann gemerkt, dass die

Beschäftigung mit den gefundenen Tieren eine Herzensangelegenheit der Mutter ist, aber nicht mehr ihren eigenen Interessen entspricht. Sie hat dann ihre „halbe Jugend" (Z. 41) über versucht, der Mutter klarzumachen, dass sie sich an der Pflege der Tiere nicht mehr beteiligen möchte.

5. Johanna drückt mit dem Verschränken der Arme aus, dass sie …

   c) [X] Widerwillen empfindet und sich distanzieren möchte.

   Hinweis: *Johanna signalisiert mit dieser Körperhaltung Abwehr und Verweigerung gegenüber der Mutter. Sie möchte die Tätigkeiten, um die diese sie bittet und gegen die sich Johanna schon während ihres Zusammenlebens jahrelang gewehrt hat, nicht mehr übernehmen. Man kann die Geste auch als Schutzhaltung interpretieren. Johanna möchte sich distanzieren und sich vor dem erneuten Zugriff der Mutter schützen.*
   *Sie nimmt diese Haltung nicht ein, weil sie friert (Antwort **a**), denn im Badezimmer wird es nicht kalt sein. Sie ist auch nicht unsicher und ängstlich (Antwort **b**), denn sie weiß genau, was sie will bzw. nicht will („Ich jedenfalls wollte keine Wurmkuren mehr unters Futter mischen …", Z. 46–48). Sie will auch keine Überlegenheit und Macht demonstrieren (Antwort **d**), sondern empfindet eher Mitleid gegenüber der Mutter (vgl. Z. 56–59).*

6. *Mögliche Antworten (nur eine erforderlich):*
   - Ein möglicher Grund dafür, dass die Mutter dem Igel einen Namen gibt, könnte ihre Einsamkeit sein. Seit dem Auszug der Tochter gibt es niemanden mehr in ihrer unmittelbaren Nähe, der den Alltag mit ihr teilt.
   - Die Namensgebung vermenschlicht den Igel und macht ihn zu einer Art Lebenspartner und vielleicht sogar zu einem Ersatz für die Tochter.

7. Johanna seufzt, denn sie …

	kann zutreffen	trifft nicht zu
a) findet Namen für Igel schrecklich.	[ ]	[X]
b) zeigt damit ihre Ungeduld gegenüber dem Igel.	[ ]	[X]
c) ekelt sich vor den toten Flöhen.	[ ]	[X]
d) denkt an die Dauer ihres Aufenthalts.	[X]	[ ]
e) macht sich Sorgen um den Igel.	[ ]	[X]
f) bemitleidet sich selbst.	[X]	[ ]

Hinweis: *Sie findet Namen für Igel nicht grundsätzlich schrecklich (Aussage **a**), sondern nur einige früher von der Mutter gewählte unpassend (Augenverdrehen, vgl. Z. 60–62). Einen emotionalen Zugang zum Igel hat sie nicht. Sie überträgt ihre Ungeduld nicht auf das Tier (Aussage **b**) und macht sich auch keine Sorgen um ihn (Aussage **e**). Sie säubert den Igel nahezu mechanisch und ekelt sich bei diesem Vorgang nicht (Aussage **c**, vgl. Z. 63–71). Zutreffend ist, dass Johanna ungeduldig die Stunden ausrechnet, die es dauern wird, bis sie wieder in ihrer* *eigenen Wohnung ist (Aussage **d**, vgl. Z. 71–74). Sie empfindet den Besuch bei der Mutter als unangenehm und in ihrem Empfinden dehnt sich die Zeit während ihres Aufenthalts. Aus diesem Grund bemitleidet sie sich (Aussage **f**), was sich durch das Seufzen äußert.*

8. Einerseits ist Johanna traurig, dass die Mutter einsam ist, seitdem sie ausgezogen ist. Sie hat Mitleid mit ihr, weil sie bemerkt, dass die Mutter keine andere vertraute Person als Ansprechpartner hat.

   Andererseits möchte sie ihre Freiheit nicht wieder aufgeben. Sie fühlt sich wohl in ihrem neuen Lebensumfeld und will den Besuch möglichst schnell hinter sich bringen, um nicht wieder in alte Verhaltensmuster zurückzufallen.

   ✎ ***Hinweis:** Vgl. auch Z. 91–99 und Z. 49–52.*

9. Johanna …

	trifft zu	trifft nicht zu
a) erkennt die alte Wohnung am Geruch wieder.	X	
b) bemerkt im Hausflur Spuren ihrer Mutter.	X	
c) betritt ihr altes Zimmer mit Wehmut.		X
d) ist ihrer Mutter für die Bewahrung ihres alten Zimmers dankbar.		X
e) bemerkt, dass sich ihre Wahrnehmung verändert hat.	X	
f) fühlt sich durch die Veränderungen verunsichert.		X

✎ ***Hinweis: a)** Vgl. Z. 87–91. **b)** Im Hausflur entdeckt sie einen Zettel, auf dem die Mutter die Nachbarn zum Protest gegen die Einmauerung eines Komposthaufens aufruft (vgl. Z. 80–87). **c)** Das Gegenteil ist der Fall. Im Text steht, sie habe die Tür zu ihrem alten Kinderzimmer „aufgestoßen und einen Blick hineingeworfen" (Z. 94–96). Sie betritt das Zimmer gar nicht richtig. **d)** Johanna öffnet zwar aus Neugier die Tür ihres alten Kinderzimmers (vgl. c), für dessen Bewahrung ist sie ihrer Mutter aber nicht dankbar, weil sie nicht vorhat, es wieder zu nutzen. **e)** Sie spricht davon, dass ihr der Geruch der Wohnung vertraut ist, sie ihn aber „zum ersten Mal bewusst wahrnahm" (Z. 90 f.). **f)** Eher das Gegenteil trifft zu: Johanna ist überrascht und verunsichert, weil sie keine größeren Veränderungen entdecken kann und alles beim Alten ist (vgl. Z. 91–99).*

10. Johanna weiß nicht genau, ob die Zufriedenheit der Mutter mit dem Appetit des Igels zusammenhängt oder damit, dass die Tochter ihren Widerstand aufgegeben hat und wieder die Wünsche der Mutter erfüllt, indem sie das Tier versorgt. Diesen Zugriff der Mutter wollte Johanna eigentlich vermeiden und sie ärgert sich über die „Selbstverständlichkeit" (Z. 32), mit der die Mutter ihre Bitte äußert und über sie verfügt.

11. *Mögliche Antworten (nur eine erforderlich):*
    Herr Pietrek reagiert auf die Wohnung ablehnend, …
    - weil die aus dem Sperrmüll zusammengesammelten Holzstühle nicht seinem Geschmack bzw. einer „normalen“ Wohnungseinrichtung entsprechen.
    - weil er die aus dem Sperrmüll zusammengesammelten Holzstühle schon aus Gründen der Hygiene nie in seine Wohnung stellen würde.
    - weil er am Mobiliar zu erkennen glaubt, dass die Familie nicht viel Geld hat und er mit armen Leuten nichts zu tun haben möchte.
    - weil die vier Stühle, die alt sind und nicht zusammenpassen, auf ihn den Eindruck von Unordnung machen.

12. Die Pietreks unterstellen Johanna und deren Mutter, dass sie unordentlich und schmutzig sind und sich nicht an Regeln und Vereinbarungen halten, die in einer Gemeinschaft gelten.

    Hinweis: *Das Verhalten der Pietreks zeigt, dass sie die Sperrmüll-Möbel nicht nur wegen ihres schäbigen Aussehens ablehnen, sondern als Hinweis auf schlechte Charaktereigenschaften interpretieren. Sie selbst achten in übertriebener Weise auf Sauberkeit, indem sie ihre Möbel mit Plastikhüllen abdecken, bevor sie sie benutzen (vgl. Z. 128–131). Wer sich so einrichtet wie Johannas Mutter, ist ihrer Meinung nach unordentlich, unzuverlässig und nicht vertrauenswürdig. Darauf weist die Aufforderung zur pünktlichen Treppenreinigung hin.*

13. *Mögliche Antworten (nur eine erforderlich):*
    Johanna appelliert damit an ihre Mutter:
    - Geh den Pietreks aus dem Weg! Sie können dich nicht leiden.
    - Gib endlich Ruhe und sei mit sieben Unterschriften zufrieden!
    - Lass mich da raus! Ich will damit nichts zu tun haben!

    Hinweis: *Versetze dich in die Situation der Tochter und überlege dir, was du antworten würdest. Formal musst du in einem Appell den Imperativ (Befehlsform) verwenden und am Ende ein Ausrufezeichen setzen.*

14. Kannst du nicht mal mit ihnen reden? , fragte meine Mutter.
    Mögliche Begründungen (nur eine erforderlich):
    - Die Mutter hofft, dass die Tochter bei den Pietreks mehr Erfolg hat als sie, weil sich deren Ablehnung mehr auf die Mutter bezieht.
    - Die Mutter glaubt, dass die Tochter das Anliegen überzeugender vortragen kann.

    Hinweis: *Da du während der Prüfung nicht laut lesen darfst, musst du den Satz leise für dich lesen. Probiere in deinem Kopf verschiedene Betonungen aus. Einen Hinweis auf die richtige Lösung gibt auch der letzte Satz des Textausschnitts: „Deswegen frage ich ja dich.“*

15. *Mögliche Erklärungen (nur eine erforderlich):*
- Ich möchte nicht, dass du dich schlecht oder minderwertig fühlst, aber ich kann dir das nicht sagen.
- Du bist kein schlechter Mensch, nur weil du mich nicht loslassen kannst, aber das will ich dir nicht sagen.
- Du bist eine gute Mutter/ich bin gerne deine Tochter, aber das will ich dir nicht sagen.
- Niemand braucht mit einer Tochter Mitleid zu haben, weil die Mutter anders ist als man selbst. Aber das kann ich dir nicht sagen.
- Wir haben unsere Probleme miteinander, aber deswegen muss mich kein Außenstehender bemitleiden. Wenn ich doch mit dir darüber reden könnte!

Hinweis: *Bemitleidenswert wäre Johannas Tochtersein nur, wenn ihre Mutter ein verachtenswerter Mensch wäre, der keinen Respekt verdient. Das ist aber in ihren Augen nicht der Fall. Sie will auch nicht, dass ihre Mutter sich so sieht und sich schlecht fühlt. Deshalb möchte sie im ersten Moment widersprechen. Sie wehrt sich jedoch gegen diesen Impuls, denn sie möchte kein falsches Signal aussenden. Sie hat Sorge, wieder von ihr vereinnahmt zu werden, wenn sie mehr Nähe zu ihrer Mutter herstellt.*

16. *Mögliche Antworten (jeweils eine erforderlich):*

Die beiden Seiten des Igels passen zu Johanna, denn sie ist „**stachelig**" wie ein Igel, wenn …
- sie sich den Wünschen der Mutter widersetzt und sich nicht mehr an der Versorgung der Tiere beteiligt.
- sie sich weigert, die Pietreks wegen einer Unterschrift aufzusuchen.
- sie sich gegen den Impuls wehrt, ihre Mutter zu trösten.
- sie möglichst schnell wieder das alte Zuhause verlassen will.

Johanna hat aber auch eine **weiche Seite**, denn …
- es fällt ihr schwer, die Bitte der Mutter abzulehnen, weil sie deren Einsamkeit erkennt und Mitleid hat.
- sie befreit das gefundene Tier vorsichtig von Flöhen, obwohl sie sich schon seit Jahren gegen derartige Aktionen wehrt.
- sie ist emotional berührt, als sie wahrnimmt, dass die Mutter alt geworden ist.

Hinweis: *Belege für die Widerborstigkeit vgl. Z. 40–52, 146–155 und 165–168. Belege für die Weichheit vgl. Z. 56–62, 63–68 und 162–165.*

17. *Mögliche Antworten (zwei erforderlich):*

- Die Beurteilung „**leicht zu lesen**" trifft zu, denn der Text enthält keine schwierigen Formulierungen. Die Beschreibungen sind alltäglich, die Gespräche zwischen Mutter und Tochter leicht zu verstehen und die Handlung ist nicht sehr umfangreich.
- Die Beurteilung „**nachdenklich**" trifft zu, denn das Erwachsenwerden von Kindern und ihre Ablösung von den Eltern beschäftigt oft beide Seiten sehr. Auch die im Text angesprochenen Probleme im Zusammenhang mit Einsamkeit regen zum Nachdenken an, ebenso wie die Themen des respektvollen Umgangs mit anderen (Nachbarn), mit Tieren und mit der Umwelt.
- Die Beurteilung „**rührend**" trifft zu, denn der Igel wird wie ein Kind in rührender Weise gepflegt. Rührend wirkt auch, dass die Tochter Mitleid mit der Mutter hat. Der Leser empfindet Mitgefühl mit beiden Figuren.

18. **Aussagen zur Erzählweise**

	richtig	falsch
a) Der Text zeigt die Gedanken der beiden Figuren.	☐	☒
b) Die erzählte Zeit beträgt 17 Stunden.	☐	☒
c) Es gibt direkte Rede.	☒	☐
d) Der Erzähler wechselt die Perspektive.	☐	☒
e) Es gibt Rückblenden.	☒	☐
f) Der Text enthält einen Wendepunkt.	☐	☒

Hinweis:* a)** *Der Text offenbart die Gedanken der Tochter (z. B. Z. 11 ff., 56 ff.), nicht aber die der Mutter.* ***b) *Die erzählte Zeit beträgt nur etwa zwei Stunden (vgl. Z. 75–77). Von 17 Stunden ist die Rede, als die Tochter ausrechnet, wann sie wieder in Berlin sein wird (vgl. Z. 71–74).* ***c)*** *Der Text enthält an vielen Stellen direkte Rede, die allerdings nicht durch Anführungsstriche gekennzeichnet wird (z. B. Z. 1 f., 4 f., 30 f., 53–55).* ***d)*** *Es wird durchgehend in der Ich-Form aus der Sicht der Tochter erzählt (vgl. Antwort a).* ***e)*** *In Rückblenden denkt die Tochter z. B. über ihre Kindheit und Jugend nach (vgl. Z. 15–29 und 33–44).* ***f)*** *Der Text enthält keinen Wendepunkt, denn der Konflikt der Tochter wird in diesem Ausschnitt des Romans nicht gelöst.*

B: Sprache

1.

folgender Nebensatz	3
Apposition	–
Aufzählung	1
eingeschobener Nebensatz	–
zwei (unverbundene) Hauptsätze/Satzreihe	2
vorangestellter Nebensatz	–

__Hinweis: Komma 1:__ Es werden drei Handlungen aufgezählt mithilfe der Prädikate „nahm", „drückte" und „schäumte". Vor dem dritten Prädikat ersetzt die Konjunktion „und" das Komma. __Komma 2:__ Es folgen zwei Hauptsätze aufeinander (Satzreihe), die nicht durch „und" oder „oder" miteinander verbunden sind. Dass es sich um einen Hauptsatz handelt, kannst du jeweils an der Stellung des finiten (= gebeugten) Verbs („nieste", „schlug") an zweiter Stelle im Satz erkennen. Im Nebensatz steht es ganz am Ende. __Komma 3:__ Es handelt sich um ein Satzgefüge, bestehend aus einem Hauptsatz und einem Nebensatz, der durch eine Präposition mit Relativpronomen („nach dem") eingeleitet wird. Der Nebensatz ist ein Relativsatz, der das Bezugswort („Prinzip") genauer beschreibt.

2. *Mögliche Antworten (zwei erforderlich):*
   - Reim
   - Parallelismus
   - Antithese (Kontrast)
   - Ellipse
   - Ausruf

__Hinweis:__ „Igel" und „Ziegel" __reimen__ sich. Die beiden Drei-Wort-Sätze sind gleich bzw. parallel aufgebaut (__Parallelismus__). Die __Antithese__ bzw. der Kontrast stellt Gegensätzliches gegenüber, hier Befürwortung („Ja") und Ablehnung („Nein"). Die Sätze sind jeweils unvollständig (__Ellipse__) – ein vollständiger Satz würde z. B. lauten: „Sagt ja zum Igel!" oder „Wir sagen ja zum Igel." Es handelt sich außerdem um __Ausrufe__, jeweils erkennbar am Ausrufezeichen, das die Wirkung verstärken soll.

3. *Mögliche Antworten (jeweils eine erforderlich):*

Höflicher:
- Könntest du bitte Bodo abtrocknen und in seine Kiste setzen?
- Wärst du so nett / lieb / freundlich, Bodo abzutrocknen und in seine Kiste zu setzen?
- Du würdest mir sehr helfen, wenn du Bodo abtrocknen und in seine Kiste setzen könntest.

Unhöflicher:
- Trockne Bodo ab und setze ihn in seine Kiste!

***Hinweis:** Höflicher wird die Aufforderung durch das Einfügen von „bitte“ an einer beliebigen Stelle, durch eine längere Umschreibung mithilfe von Modalverben („können“, „mögen“ …) und/oder durch die Verwendung des Konjunktivs II („Es wäre nett, wenn …“/ „Würdest du …“). Außerdem wirkt die Frageform meist höflicher als die reine Aufforderung. Als eher unhöflich dagegen wird die Befehlsform (Imperativ) empfunden.*

4. Aber mir war die Lust darauf vergangen, **als/seit/seitdem/nachdem** ich die erste heimliche Zigarette im Maisfeld hinter der Tankstelle geraucht hatte.

***Hinweis:** Der Nebensatz hier ist ein temporaler Adverbialsatz, d. h., er steht anstelle der adverbialen Bestimmung der Zeit (Wann?/Seit wann?) und drückt ein zeitliches Verhältnis in Bezug auf die Aussage im Hauptsatz aus.*

5. *Mögliche Erklärungen (nur eine erforderlich):*
   - Der Punkt deutet eine Pause an. Dadurch erhält die im Nebensatz enthaltene Aussage mehr Gewicht.
   - Durch die „falsche“ Interpunktion erhöht sich die Aufmerksamkeit des Lesers.
   - Die Mutter macht eine Pause, da die Aussage ihr unangenehm ist. Sie zögert also und schiebt sie hinterher.
   - Die Mutter beobachtet ihre Tochter und macht bewusst eine Sprechpause.

***Hinweis:** Ein Nebensatz ist von einem Hauptsatz abhängig und wird durch Komma von diesem abgetrennt. Hier steht der Nebensatz, ein kausaler Adverbialsatz (Warum?), aber alleine, weil die Autorin diese stilistische Möglichkeit nutzt, um eine besondere Wirkung zu erzielen.*

C: Schreiben

Schreibaufgabe 1: Charakteristik von Johannas Mutter

Hinweis: *Bei einer Charakteristik hast du die Aufgabe, eine literarische* ***Figur*** *mit ihren* ***äußeren*** *Merkmalen (z. B. Name, Alter, Aussehen, Beruf, Lebensumstände, Familienverhältnisse) und ihrer* ***Persönlichkeit****, also ihren Charaktereigenschaften und Wesenszügen, zu beschreiben.*
Angaben über die äußeren Merkmale findest du meist direkt im Text. Am besten unterstreichst du sie gleich beim Lesen, um sie zu sammeln. Der Charakter einer Person wird oft nicht direkt beschrieben, sondern er wird durch ***Handlungen, Verhaltensweisen, Aussagen und Gedanken*** *deutlich. Von diesen indirekten Hinweisen musst du* ***Rückschlüsse*** *auf typische Merkmale des Charakters ziehen. Markiere zur Vorbereitung deiner Ausführungen deswegen mit einer anderen Farbe alle Textstellen, in denen die Person in ihrem Handeln, Denken und Sagen etwas Typisches erkennen lässt. Dann kannst du mit dem Schreiben des Textes beginnen.*
Nenne in der ***Einleitung*** *zunächst in einem Satz die grundlegenden Textinformationen (Erscheinungsjahr, Textsorte, Titel, Autorin) und das Thema des Textausschnitts. Erwähne dabei am besten auch, dass der Text aus der Perspektive Johannas geschrieben ist, weil dies die Darstellung prägt. Stelle dann die Figur der Mutter in ihren Grundzügen vor: Gib äußere Merkmale wie Alter, Wohnort, Beruf und Familienverhältnisse an. Du findest dazu im Text allerdings kaum direkte Angaben, sodass du Rückschlüsse aus den geschilderten Umständen ziehen und Vermutungen anstellen musst.*
Im ***Hauptteil*** *beschreibst du dann zunächst die Kenntnisse, Fähigkeiten und Interessen der Mutter. Dies betrifft die Bereiche Pflanzen- und Tierwelt und die Organisation der Unterschriftenaktion. Danach gehst du ausführlich auf ihre Wesensmerkmale und Charaktereigenschaften ein. Beschreibe dazu ihr Verhalten und Denken und erläutere, welche Rückschlüsse du daraus hinsichtlich ihres Charakters ziehen kannst. Wichtig ist, dass du deine Ausführungen mit geeigneten* ***Textzitaten*** *belegst. Du kannst direkt im Wortlaut zitieren oder mit eigenen Worten umschreiben, was im Text steht.*
Im ***Schlussteil*** *fasst du noch einmal kurz zusammen, welche besonderen Merkmale die Mutter auszeichnen. Du kannst auch eine Bewertung ihrer Person vornehmen und einen Vorschlag machen, wie das Problem zwischen ihr und der Tochter deiner Meinung nach zu lösen wäre.*
Da es sich um eine Analyse handelt, solltest du die Charakteristik ***sachlich*** *formulieren und auf Umgangssprache verzichten. Als* ***Zeitform*** *verwendest du das Präsens, bei Vorzeitigkeit das Perfekt.*

Einleitung
Textinformationen: Erscheinungsjahr, Textsorte, Titel, Autorin, Thema, Perspektive

In dem Textausschnitt des 2016 erschienenen Romans „Die Familie der geflügelten Tiger“ von Paula Fürstenberg schildert die Ich-Erzählerin, Tochter Johanna, wie sie ihre Mutter während des ersten Besuchs nach ihrem Auszug von zu Hause erlebt.

Vorstellen der Figur, äußere Merkmale:
– Aussehen, Alter

Zum Aussehen der Mutter und zu ihrem Alter findet man im Text keine direkten Angaben. Lediglich wird an einer Stelle die Haut ihrer Hände beschrieben. Die Tochter beobachtet, dass die Hände ihrer Mutter „schrumpelig“ (Z. 165) aussehen. Hieraus und aus dem Alter der erwachsenen Tochter kann man die Mutter auf etwa 45 bis 55 Jahre schätzen. Sie wohnt in Löcknitz in Mecklenburg auf dem Land in einem Mietshaus, das noch von sieben anderen Familien bewohnt wird (vgl. Z. 80 f., 84, 148). Die Einrichtung der Wohnung scheint eher einfach und praktisch zu sein, da die Holzstühle in der Küche vom Sperrmüll stammen und nicht zusammenpassen (vgl. Z. 134–138). Im Text findet sich kein Hinweis auf eine berufliche Tätigkeit, die die Mutter ausübt. Die Tochter beschreibt lediglich, dass die Mutter sich schon immer um verletzte oder ausgesetzte Tiere gekümmert habe. Dies ist offenbar aber eine Freizeitbeschäftigung. Seit dem Auszug Johannas lebt die Mutter allein, ein Partner oder eine Partnerin, weitere Kinder oder sonstige Familienmitglieder werden nicht erwähnt.

– Wohnort, Lebensumstände

– (keine) berufliche Tätigkeit

– Familienverhältnisse

Hauptteil

Fähigkeiten, Kenntnisse, Interessen:

Die Mutter hat den Schutz von Tieren und Umwelt zu ihrem Lebensinhalt gemacht und verfügt deshalb in diesen Bereichen über Fähigkeiten und Kenntnisse. Gegen den Bau einer Kompostmauer protestiert sie, weil sie zum Erhalt tierischer Lebensräume möglichst natürliche Umgebungen schaffen bzw. bewahren will. Sie weiß, dass Komposthaufen Unterschlupf und Nahrungsquelle z. B. für Igel sein können und eine Einmauerung diesen den Zugang dazu versperren würde.

– kennt Vorgänge in der Pflanzen- und Tierwelt

Sie hat auch Ideen, wie man gegen solche Vorstöße vorgehen kann, organisiert eine Unterschriftenaktion unter den Nachbarn und denkt sich sogar einen Slogan zum Kampf gegen die Mauer aus („Ja zum Igel! Nein zum Ziegel!“, Z. 86). In der Erinnerung der Tochter hat sich die Mutter schon immer um Tiere gekümmert, die Hilfe brauchen (vgl. Z. 11–29). Sie kennt die Bedürfnisse und Vorlieben der unterschiedlichen von ihr aufgenommenen Tierarten (vgl. Z. 46–49). So versorgt sie bzw. stellvertretend die Tochter z. B. den gefundenen Igel kompetent mit einer Flohkur (vgl. Z. 63–71) und gestaltet die Umgebung so, dass er sich wohlfühlt: „Die Kiste war mit Zeitungspapier ausgelegt, in einer Ecke stand ein kleiner Pappkarton und davor ein Schälchen Katzenfutter, über das sich Boda sofort hermachte.“ (Z. 112–117)

– weiß, wie man sich wehrt/Umweltaktionen organisiert

– kann Tiere artgerecht pflegen und schützen

Im Umgang mit den Tieren werden auch Wesenszüge der Mutter deutlich. Sie ist sehr tierlieb und die Versorgung hilfsbedürftiger Tiere hat für sie einen hohen Stellenwert (vgl. Z. 11–13). Dabei geht es ihr einerseits um die Rettung und das Wohlergehen der Tiere, andererseits vermitteln sie ihr aber auch emotionale Wärme. Durch die Namensgebung (vgl. Z. 13–29 und 56–59) vermenschlicht die Mutter die Tiere, die ihr besonders nach Johannas Auszug Ersatz für Familie und Freunde bzw. menschliche Nähe bieten.

Wesenszüge:
- *tierlieb, fürsorglich*
- *sucht emotionale Wärme und Nähe, vermenschlicht die Tiere*

Diese emotionale Bindung ist ihr wichtiger als Äußerlichkeiten und Komfort. An der Einrichtung der Wohnung wird deutlich, wie bescheiden und anspruchslos sie lebt. Die Holzstühle in der Küche sind z. B. aus dem Sperrmüll zusammengesammelt und rufen die Missbilligung einiger Nachbarn hervor (vgl. Z. 134–143). Die Kritik und das fast schon beleidigende Verhalten der Pietreks ignoriert die Mutter jedoch, da sie offenbar keinen großen Wert auf die Meinung anderer legt.

- *bescheiden und anspruchslos*
- *selbstbewusst, nicht von der Meinung anderer abhängig*

Beharrlich versucht sie, auch die Unterschrift dieser Nachbarn für ihre Aktion gegen die Einmauerung des Komposthaufens zu gewinnen. Mit „nur“ sieben Unterschriften will sie sich nicht zufriedengeben (vgl. Z. 144–160). Ihr Engagement nimmt sie sehr ernst und setzt sich hartnäckig und leidenschaftlich dafür ein. Sie nimmt dafür sogar eine Auseinandersetzung mit den Pietreks in Kauf, denn ihr ist bewusst, dass die Nachbarn ihre Ansichten ablehnen und damit auch ihr Vorhaben zurückweisen werden. Taktisch geschickt ist die Idee der Mutter, wegen der Unterschrift ihre Tochter zu den Pietreks vorzuschicken, weil deren Ablehnung sich nicht auf Johanna bezieht. Sie glaubt sogar, dass die Missbilligung ihrer Person Mitleid mit der Tochter hervorruft, und will sich dieses zunutze machen (vgl. Z. 159 f.).

- *stur, beharrlich, hartnäckig*
- *engagiert, unerschrocken*
- *strategisch geschickt beim Einsatz für ihre Sache*

Neben den Tieren ist die Tochter anscheinend der einzige Mensch, zu dem die Mutter eine enge emotionale Bindung hat. Die Vertrautheit zwischen ihnen wird deutlich, als sich beide im Badezimmer der mütterlichen Wohnung unterhalten. Die Mutter beendet ihr Bad nicht, als die Tochter zu

- *enge Bindung an die Tochter*
- *offen, vertraut*

Besuch kommt, sondern dehnt das Baden aus und genießt ungezwungen und offen die Nähe, die durch diese intime Situation entsteht: „Ich würde gern noch ein bisschen in der Wanne bleiben, sagte sie, bitte kümmere dich um Bodo, nur dieses eine Mal." (Z. 53–55)

Mit ihrer Bitte ignoriert die Mutter die Wünsche Johannas, die sich schon seit Jahren dagegen wehrt, immer wieder für die Versorgung der Fundtiere eingespannt zu werden (vgl. Z. 32–52). Der Mutter gelingt es, ihre Tochter trotz deren Abneigung dazu zu bringen, den Igel zu reinigen, und sie freut sich über die gelungene Manipulation: „Meine Mutter sah zufrieden aus und ich fragte mich, ob diese Zufriedenheit Bodas Appetit galt oder der Tatsache, dass sie mich nach all den Jahren dazu gebracht hatte, doch noch einmal eines ihrer Fundtiere zu versorgen." (Z. 117–122)

– ignoriert Wünsche der Tochter

– manipuliert sie

Mit ihrem Anliegen knüpft die Mutter an die Zeit an, als Johanna noch klein war und sich gerne an der Pflege der gefundenen Tiere beteiligt hat. Offenbar sehnt sie sich nach dieser Zeit der Gemeinsamkeit zurück. Sie vermisst ihre Tochter und möchte an der für sie schönen Vergangenheit festhalten. Veränderungen, wie das Erwachsenwerden der Tochter und deren veränderte Ansichten und Interessen, will sie nicht akzeptieren. Deshalb ist ihre Bitte für sie auch eine „Selbstverständlichkeit" (Z. 32). Nicht nur das Verhalten der Mutter, auch die Wohnung spiegelt ihren Unwillen zur Veränderung und das Festhalten an Vergangenem wider: Das Kinderzimmer, das nicht mehr genutzt wird, ist in dem Zustand geblieben, in dem die Tochter es verlassen hat: „Ich hatte die Tür zu meinem alten Kinderzimmer aufgestoßen und einen Blick hineingeworfen, nicht einmal das Bett war abgezogen." (Z. 94–97) Auch um andere oder neue Kontakte hat sich die Mutter nach dem Auszug der Tochter nicht bemüht: „An der Wand, an die meine Mutter alle Postkarten anzupinnen pflegte, die sie bekam, hatte ich keine Neuzugänge entdeckt." (Z. 91–94)

– Festhalten an der Vergangenheit

– Ablehnen von Veränderung

– keine (neuen) Kontakte

Obwohl die Mutter bemerkt, dass ihre Tochter durch die vertraute Situation im Badezimmer emotional berührt ist,

– verschweigt ihre Probleme

nutzt sie die Gelegenheit nicht, um über ihre Sorgen, wie etwa ihre Einsamkeit, zu sprechen. „Einen Moment lang schauten wir uns an.“ (Z. 161 f.) Die Probleme von Mutter und Tochter bleiben unausgesprochen und ihr Verhältnis weiter angespannt.

Schluss
Zusammenfassung und Bewertung

Zusammenfassend kann man sagen, dass die Mutter eine einsame Person ist, die sich in ihre Wohnung zurückgezogen hat, um in ihrer eigenen Welt zu leben. Sie umgibt sich mit Tieren, die ihr als Ersatz für menschliche Kontakte dienen. Wenn es um den Schutz von Umwelt und Tieren geht, ist sie aktiv und verfolgt beharrlich, engagiert und selbstbewusst ihre Ziele. Dann ist auch sie bereit, Konfrontationen mit anderen in Kauf zu nehmen. Einem offenen Gespräch mit der Tochter jedoch geht sie aus dem Weg, weil sie deren Selbstständigkeit und Erwachsensein nicht akzeptieren will. Sie klammert sich an die glückliche gemeinsame Zeit der Vergangenheit und verschließt die Augen vor Veränderungen, wie der Abnabelung der Tochter und deren Zuwenden zu neuen, eigenen Lebensinhalten. Vielleicht spürt sie auch, dass eine Offenbarung ihrer Sorgen und Probleme die Tochter belasten könnte. Außerdem müsste sie zugeben, emotional von ihr abhängig zu sein. Erschwerend kommt hinzu, dass auch die Tochter nicht dem Impuls folgt, der Mutter gegenüber offen zu sein und emotional zu reagieren. Sie fürchtet eine neuerliche Einschränkung ihrer Freiheit, wenn sie den Bedürfnissen der Mutter nachgibt.

Lösungsansatz

Im Verhalten der Mutter deutet nichts darauf hin, dass sie an dem gegenwärtigen Zustand etwas ändern will. Vielleicht gelingt es aber der Tochter, die Mutter durch Gespräche behutsam an die neue Situation zu gewöhnen. Es wäre beiden zu wünschen, da sie ansonsten nebeneinanderher leben, ohne sich wirklich nahe zu sein.

Schreibaufgabe 2: Stellungnahme

Hinweis: *Bei dieser Aufgabe sollst du in einem* ***Zeitschriftenartikel*** *zu der Frage* ***Stellung nehmen****, ob Eltern nach dem Auszug eines Kindes dessen Kinderzimmer erhalten oder es anderweitig nutzen sollten. Eine Stellungnahme ist eine* ***argumentative Textsorte****, bei der du dich für eine Position zum Thema entscheidest und diese begründet darlegst. Welche Seite du vertrittst, ist dir überlassen. Wichtig ist, dass deine Ausführungen überzeugend sind. Überlege deshalb vor dem Schreiben, für welche Seite dir die* ***stärkeren Argumente*** *einfallen, und entscheide dich für diese. Am besten sammelst du deine Ideen auf einem separaten Blatt. Es kann dir helfen, dich in einen Jugendlichen bzw. jungen Erwachsenen hineinzuversetzen, der schon Erfahrungen mit der genannten Situation gemacht hat.*
Eine Stellungnahme hat einen festgelegten ***Aufbau****. Dein Text sollte daher klar gegliedert sein:*
In der ***Einleitung*** *führst du zunächst zum Thema hin. Du kannst z. B. deine Leserinnen und Leser direkt ansprechen und einen aktuellen Bezug herstellen. Nenne dann die Fragestellung und beziehe eindeutig Position: Entweder bist du dafür, dass Eltern das Kinderzimmer nach dem Auszug des Kindes erhalten, oder du bist dagegen. Mit einem Satz, in dem du verdeutlichst, dass du im Weiteren deine Meinung begründen wirst, leitest du geschickt zum Hauptteil über.*
Im ***Hauptteil*** *führst du deine Argumente aus. Da die Aufgabenstellung verlangt, auch die* ***Gegenseite*** *einzubeziehen, gehst du zuerst auf mögliche Argumente der von dir nicht vertretenen Position ein. Mache aber deutlich, dass du diese Gründe nicht für richtig oder nicht für entscheidend hältst. Danach folgen* ***mindestens zwei ausführliche Argumente****, mit denen du deine Meinung stützt. Finde jeweils Begründungen und anschauliche Beispiele, um deine Behauptungen zu untermauern. Steigere dich in der Argumentation und stelle das überzeugendste Argument ganz ans Ende.*
Im ***Schlussteil*** *fasst du zusammen, was man aus deiner Argumentation ableiten kann, und bekräftigst noch einmal deine Position. Eventuell kannst du auch Kompromissvorschläge machen, die die Interessen beider Seiten berücksichtigen.*
Die geforderte ***Textsorte*** *ist ein Artikel für ein Jugendmagazin. Deine Sprache sollte deshalb bei der Darstellung der Argumente* ***sachlich*** *sein, du kannst aber auch einige* ***umgangssprachliche Elemente*** *(unvollständige Sätze, Fragen) oder Ausdrücke aus der Jugendsprache einbauen, damit der Text zu den Adressaten passt. Vergiss nicht, die Leserinnen und Leser an einigen Stellen* ***direkt anzusprechen****. Zu einem Zeitschriftenartikel gehört außerdem auch eine* ***Überschrift****. Meist bietet sich an, diese ganz am Ende zu ergänzen.*

Nichts wie raus – aber bitte nicht so ganz

Überschrift

Einleitung
Ansprache der Leserinnen und Leser

Hinführung zum Thema

Hallo, Freunde! Es geht uns allen gleich – wir stecken mitten in der „Corona-Krise". Da frage ich mich: Wo verbringt ihr denn diese „besonderen" Zeiten? Hockt ihr allein in eurer eigenen Bude – oder seid ihr wieder bei euren Eltern untergekommen? Habt ihr dort überhaupt noch euer Kinderzimmer? Denn das ist ja nicht selbstverständlich. Ich gebe offen zu, dass ich trotz Auszug vor einem knappen Jahr zurzeit wieder in meinem alten Zimmer bei meinen Eltern wohne. Wie ihr euch also denken könnt, bin ich gerade ganz froh, dass es mein „Kinder"-Zimmer noch gibt.

Zugegeben, diese Situation gerade ist sehr speziell … Aber auch unabhängig davon: Ich bin dafür, dass Eltern das Kinderzimmer zunächst einmal erhalten, wenn unsereins ausgezogen ist, und es nicht gleich für andere Zwecke nutzen. *Äußern der eigenen Position*

Damit ihr meine Meinung zu diesem Thema versteht und mich nicht als Nesthocker abtut, werde ich meine Ansicht im Folgenden begründen. Also … alle aufnahmebereit? *Überleitung zum Hauptteil*

Hauptteil

Als letztes Jahr klar war, dass ich für meine Ausbildung von zu Hause ausziehen würde, haben meine Eltern angefangen, darüber nachzudenken, dass dadurch ja Platz in der Wohnung „frei" würde. *Gegenargument 1: Eltern nutzen den Platz für sich* Es stimmt, jetzt, wo ich nicht mehr bei ihnen wohne, bleibt die Tür zu meinem alten Kinderzimmer zu und die meiste Zeit nutzt keiner den Raum. *Begründung* Sie haben also gedacht, dass das eine gute Gelegenheit wäre, das Zimmer für ihre Hobbys einzurichten: Mama zum Beispiel malt gerne und Papa könnte den Platz für seine Fitnessgeräte brauchen. *Beispiel* Es hat sich aber schnell gezeigt, dass ich mein Zimmer durchaus noch weiterhin nutze: Zum einen wüsste ich gar nicht, wie ich in meinem kleinen WG-Zimmer in der Stadt meine ganzen Sachen unterbringen sollte, weshalb vieles, was ich nicht täglich brauche, noch bei meinen Eltern geblieben ist. Zum anderen haben meine Eltern gemerkt, dass ich sie, auch wenn ich woanders wohne, in den Ferien und an den Wochenenden immer noch oft und gerne besuche. So halte ich mich in meinem alten Zimmer also immer noch auf, wenn auch etwas seltener als früher. *Entkräften des Arguments*

Nach meinem Auszug haben meine Eltern auch befürchtet, dass ich mein altes Zimmer behalten möchte, um weiterhin bequem das „Hotel Mama" zu nutzen. *Gegenargument 2: Ausnutzen des „Hotels Mama"* Einerseits allein zu wohnen und damit alle Freiheiten zu haben, zu tun und zu lassen, was man möchte, und andererseits aber zu Mama und Papa zu kommen, um bei ihnen die Schmutzwäsche abzuladen, ein sauber geputztes Badezimmer zu genießen und ihren gefüllten Kühlschrank leerzufuttern – das passt für sie nicht zusammen. *Beispiel* Und ohne ein eigenes Zimmer bei ihnen wäre das tatsächlich auch nicht so einfach möglich. Sie würden mich dann ein Stück weit zur Selbstständigkeit zwingen *Begründung* und sich selbst Freiheiten verschaffen, was also dafür spricht, das Kinderzimmer aufzulösen. Allerdings habe ich kurzerhand bewiesen, dass ich mein Zuhause nicht als bequemes Hotel betrachte: Bei meinen Besuchen habe ich mich zusammengerissen, meine Wäsche selbst in die Waschmaschine gesteckt, den Geschirrspüler eingeräumt und auch mal staubgesaugt. Ich glaube, es wurde deutlich, dass der Haushalt kein guter Grund ist, mir mein altes Zimmer vorzuenthalten.

Entkräften des Arguments

Es gibt außerdem einige Punkte, die dafür sprechen, das Kinderzimmer nach dem Auszug eines Kindes – zumindest für eine Weile – noch beizubehalten und es nicht für andere Zwecke zu nutzen.

Überleitung zur Argumentation für die eigene Position

Nicht nur für uns selbst, auch für die Eltern ist der Auszug eines erwachsen gewordenen Kindes ein großer Einschnitt, besonders wenn es sich um das einzige oder das jüngste Kind handelt. Etwa zwei Jahrzehnte haben sie uns immer um sich, die Familie ist eine eingeschworene Gemeinschaft, jeder kennt den Alltag, die Stärken und die Macken des anderen. Auch wenn wir das oft nicht merken, sind wir Kinder für unsere Eltern auch lange Zeit eine „Aufgabe“, die ihr Leben bestimmt und ihm Sinn gibt. Zieht unsereins dann von zu Hause aus, ist das für uns oft ein großes Abenteuer. Für unsere Eltern aber bleibt ein „leerer Platz“ zurück. Viele Mütter und Väter fallen dann in eine Traurigkeit und ein Gefühl der Einsamkeit. Man nennt das „Empty-Nest-Syndrom“. Ein leer geräumtes Kinderzimmer, das plötzlich ein allgemeines Gästezimmer ist, kann dieses Gefühl, dass das Kind „weg“ ist, noch verstärken. Bleibt das alte Zimmer aber erhalten, kann das Syndrom abgemildert werden, da es eine Verbindung zur Tochter oder zum Sohn schafft. Auch meiner Mutter hat es anfangs schwer zugesetzt, dass ich nicht mehr mit am Esstisch saß und statt lauter Musik aus meinem Zimmer nur Stille zu hören war. Aber wenn sie das bezogene Bett in meinem Zimmer sah und daran dachte, dass ich schon bald wieder zu Besuch kommen würde, ging es ihr gleich besser.

Argument 1: Abmilderung des „Empty-Nest-Syndroms“

Begründung

Beispiel

Argument 2: Emotionale Bindung, Zeit zur Ablösung nötig

Ein weiterer Punkt, der für den Erhalt eines Kinderzimmers spricht, ist der emotionale Bezug. Das eigene Zimmer in der elterlichen Wohnung ist sicher für die meisten von uns etwas Besonderes. Wir verbringen dort unsere Kindheit und Jugend, es ist unser Rückzugsort, unser privater Bereich, den wir nach unserem Geschmack gestalten und der mit vielen Erinnerungen verbunden ist.

Begründung

Es wäre ganz schön unsensibel, wenn Eltern sofort nach dem Auszug des Kindes rücksichtslos dessen Zimmer räumen und umbauen, um es anderweitig zu nutzen. Man sollte uns doch zumindest eine gewisse Zeit lassen, um uns langsam und schrittweise von diesem Ort zu verabschieden. Ich bin froh, dass meine Eltern mir diese Zeit geben und so verständnisvoll sind.

Beispiel

Denn obwohl ich fast erwachsen bin, hänge ich noch an „meinem" Zimmer und möchte es noch nicht komplett aufgeben. Ich verbinde mit dem Raum so viele Erinnerungen an meine Schulzeit und an meine Freunde, an lustige Abende mit den Jungs und an erste Mädchenbesuche. Dort sind alle gesammelten Postkarten an die Wand gepinnt, im Regal stehen die vielen Comics, die ich gelesen habe, und das Poster von Basti Schweinsteiger hängt schon seit Ewigkeiten über meinem Bett. Hätten meine Eltern das alles einfach entsorgt, hätte mir das sehr zugesetzt.

Argument 3: Sicherheit und Rückhalt

Der wichtigste Grund dafür, dass ein Kinderzimmer zunächst erhalten bleiben sollte, ist das Gefühl von Sicherheit, das es vermittelt.

Begründung

Obwohl ich nicht mehr dauerhaft bei meinen Eltern wohnen möchte, weiß ich doch dank meinem Zimmer, dass die Möglichkeit, zu ihnen nach Hause zurückzukehren, immer da ist, falls ich es möchte oder die Umstände es erfordern. Das Zimmer gibt uns also Halt bei unseren ersten Schritten in die Selbstständigkeit, an die wir uns dadurch langsam gewöhnen können. Das Gefühl, vom ersten Moment an nur auf sich allein gestellt zu sein, bleibt einem dadurch erspart.

Beispiel

Schließlich weiß man ja nie, was auf einen zukommt: Vielleicht kommt der Schritt in die eigenen vier Wände für manchen zu früh und er oder sie fühlt sich einsam oder überfordert. Dann ist es doch besser, noch mal nach Hause zurückzugehen und es etwas später aufs Neue zu probieren, als sich unnötig zu quälen. Aber auch äußere Umstände können es erforderlich machen, dass man noch mal auf das heimische Zimmer zurückgreift: Was, wenn es mit der Ausbildung nicht klappt und man die Stelle noch einmal wechseln will oder muss? Wenn der Vermieter einem urplötzlich kündigt? Wenn man sich mit den WG-Mitbewohnern doch nicht so gut versteht? Unvorhergesehene Ereignisse können immer eintreten. Der Rückhalt durch die Familie und das Wissen, dort einen Zufluchtsort zu haben, kann es uns sehr erleichtern, dass wir schon bald auf festen – nicht auf wackligen – eigenen Beinen stehen.

Schluss

Zusammenfassung und Bekräftigen der eigenen Position

Wie ihr seht, Freunde, habe ich meine Meinung gut durchdacht und sicher könnt ihr jetzt nachvollziehen, warum ich es befürworte, dass Eltern nach dem Auszug eines Kindes dessen Zimmer zunächst erhalten und es nicht sofort in ein Fitnessstudio, ein Künstleratelier oder ein Arbeitszimmer verwandeln. Natürlich gibt es auch ein paar Punkte, die dafür sprechen, dass die Eltern den Raum anderweitig nutzen.

Wiederholung des wichtigsten Arguments

Die stärkeren Argumente sprechen meiner Meinung nach jedoch dagegen. Für mich jedenfalls sind der Halt und die Sicherheit, die mir mein Zimmer geben, sehr wichtig und ich bin meinen Eltern dankbar dafür.

Weiterführende Gedanken und Kompromissvorschläge

Natürlich ist das nur möglich, weil alle Beteiligten mit dieser Lösung einverstanden und zufrieden sind. Und schließlich soll es nicht ewig so weitergehen. Spätestens wenn ich mit der Ausbildung fertig bin, einen festen Job habe und weiß, wo ich dauerhaft leben möchte, brauche ich auch das Kinderzimmer nicht mehr. Dass meine Eltern dann den Platz in der Wohnung nach ihren eigenen Interessen gestalten, ist selbstverständlich. Und ich bin sicher, dass es auch dann immer noch eine Übernachtungsmöglichkeit für mich gibt und ich weiterhin in meinem Elternhaus willkommen bin.

Appell an die Leser

Also, Leute, überlegt euch gut, wie ihr zu diesem Thema steht, redet mit euren Eltern darüber und findet einen Weg, der für alle passt!

Abschlussprüfung Deutsch 2021

A: Lesen

1. In dem Text geht es hauptsächlich um …

   d) ☒ Perfektionierung und Selbstkontrolle.

   Hinweis: *Im überwiegenden Teil des Textes geht es darum, wie Brian Fabian Crain sein Leben zu perfektionieren versucht, indem er sein Verhalten mithilfe technischer Hilfsmittel selbst kontrolliert. Textbelege dafür, dass es um Perfektionierung geht, sind z. B. Z. 5–15 und Z. 24–29. In diesen Textteilen wird das Bemühen Crains im Hinblick auf perfektes Aussehen und Verhalten beschrieben. Textbelege dafür, dass es ihm um Selbstkontrolle geht, finden sich z. B. in Z. 29–37. In den darauffolgenden Textteilen (Z. 38–80) wird beschrieben, aus welchen Sensoren, Programmen und Apps seine „persönlichen Überwachungstrupps" (Z. 33) bestehen, die seine Schritte zählen, die Qualität seiner Arbeit und Freizeit kontrollieren und seinen Schlaf überwachen. Um Leistungsbereitschaft und Selbstachtung (Antwort* ***a****) geht es im Text auch, beide Einstellungen werden aber lediglich indirekt angesprochen, weil sie Voraussetzung dafür sind, dass jemand sich freiwillig den beschriebenen Disziplinierungsmaßnahmen aussetzt. Ein Zusammenhang zwischen Schuldgefühl und Selbstverwirklichung (Antwort* ***b****) wird im Text an zwei Stellen aufgezeigt, ist aber nicht hauptsächlich Inhalt des Textes. Crain möchte sich z. B. durch strenge Kontrolle davor bewahren, sich selbst zu entwischen (vgl. Z. 30/31). Die „Schuld" würde in diesem Zusammenhang darin bestehen, ohne technische Hilfe nicht genügend Kraft zur umfassenden Kontrolle auf dem Weg zur Selbstverwirklichung aufbringen zu können. Crain behauptet außerdem, durch die Messbarkeit seiner Leistung das Schuldgefühl überwunden zu haben, nicht genügend zu arbeiten und Zeit zu verschwenden (vgl. Z. 81–89). Um Leistungsvermögen und Selbstbewusstsein (Antwort* ***c****) geht es im Text ansatzweise ebenfalls, weil Crain seine Leistung ständig steigern und dadurch ein größeres Selbstbewusstsein und mehr Glücksgefühl erlangen möchte (vgl. Z. 9–15). Das ist aber nicht vorrangig Inhalt des Textes.*

2. Crain weckt bei seinem Gegenüber ein schlechtes Gewissen, weil er makellos aussieht und durch die Wahl seines Getränks und die Art des Trinkens zeigt, dass er gesund und diszipliniert lebt. Dieses perfekte Aussehen und sein Verhalten lassen sein „fehlbare[s] Gegenüber[…]" (Z. 4) an die eigenen Unzulänglichkeiten denken.

3. Der Ausdruck „bräsige Masse" bedeutet, dass die meisten Menschen träge, undiszipliniert und faul sind. Ihr Verhalten wird damit negativ bewertet. Crains Energie, Disziplin und Fleiß erfahren als Gegensatz dazu eine Aufwertung. Hätte die Autorin lediglich neutral von „vielen anderen Menschen" gesprochen, wäre der Gegensatz nicht so stark zum Ausdruck gekommen.

4. Der zweite Absatz ist …

   c) [X] ein Beispiel für den ersten Absatz.

   Hinweis: *Im ersten Absatz steht, dass Crain seine „persönlichen Überwachungstrupps" (Z. 33) benötigt, um sich konsequent kontrollieren zu können. Der im zweiten Absatz erwähnte „Stick" (Z. 39) ist ein Beispiel für ein Überwachungsmittel. Es handelt sich um einen Schrittzähler, der ihn an sein tägliches Soll erinnert.*

5. Die Autorin kommentiert Crains Aussage mit der ironischen Bemerkung, er schlafe jetzt offenbar schneller. Dies kann nur ironisch gemeint sein, weil niemand sein Schlaftempo beschleunigen kann. Es ist lediglich möglich, seine Schlafdauer zu verkürzen. Die Autorin möchte vermutlich ausdrücken, dass sie dieses Verhalten ablehnt, weil sie es für übertrieben hält.

   Hinweis: *Ironie ist ein Stilmittel, um indirekt auf humorvolle Weise etwas zu kritisieren oder sogar lächerlich zu machen. Oft ist das Gegenteil des Gesagten gemeint. Die Punktzahl wird auch erreicht, wenn auf die ungewöhnliche Verwendung von „schnell" im Zusammenhang mit „schlafen" und die Verwendung des Wortes „offenbar" hingewiesen wird.*

6. Crain berichtet von einer positiven Veränderung in seinem Leben. Es macht ihn „glücklich", wenn er durch Messungen beweisen kann, dass er genug gearbeitet und keine Zeit verschwendet hat. Durch das Vorliegen technischer Daten hat er Selbstzweifel und Schuldgefühle, die ihn früher plagten, überwunden.

7. Crain versteht unter dem Ziel, ein besserer Mensch zu sein, seine Barrieren hinsichtlich fehlender Willensstärke und körperlicher Begrenztheit zu überwinden, um optimale Leistung zu erbringen. Das Wohl anderer wird dabei nicht berücksichtigt, sondern es geht ihm nur um die gegenwärtige Befindlichkeit der eigenen Person.

8. Wenn Crain als Prototyp des modernen Individuums bezeichnet wird, ist gemeint, dass er durch den Einsatz technischer Mittel bei der Selbstoptimierung zum Vorbild für andere Menschen werden könnte. Er hält sich selbst für einen „Pionier", dem die Erfüllung des „Menschheitstraums" gelingen könnte, „die Kluft zwischen Wollen und Handeln zu überwinden" (Z. 113–116).

9. Damit er seinem Ziel nicht untreu wird und sich selbst entwischt, kontrolliert er sich rund um die Uhr mithilfe seines ganz persönlichen Überwachungstrupps, …

__Hinweis:__ Die unterstrichenen Wörter erinnern an die Situation eines Menschen in einem Gefängnis und die damit verbundene Unfreiheit des eigenen Handelns. Es genügt das Unterstreichen eines Wortes, um die volle Punktzahl zu erreichen.

10. Die unterstrichenen Redebegleitsätze dienen hier zur …

a) ☒ Wiederholung, Distanzierung.

__Hinweis:__ Durch die Wiederholung des Redebegleitsatzes „sagt er" wird deutlich, dass Crain seine Vorgehensweise auf dem Weg zur Selbstoptimierung wie ein Programm vorträgt, auf das er stolz ist. Er hält seine Maßnahmen anscheinend für uneingeschränkt richtig. Durch die Wiederholung des Redebegleitsatzes geht die Autorin aber auch auf Distanz. Sie macht deutlich, dass es sich um eine Selbstdarstellung Crains handelt und für sie die Richtigkeit seiner Maßnahmen nicht unumstritten ist.

11. Die Wiederholungen verstärken den Aspekt, dass Crain glaubt, durch eine „Quantitätskontrolle" (Z. 45/46) seine Arbeit konzentrierter durchführen zu können. Er orientiert sich bei der Bewertung seiner Arbeit an der Anzahl der Tätigkeiten, weil dazu eine Datenerhebung möglich ist. Die Qualität seiner Arbeit könnte er auf diese Weise nicht messen.

12. **Für einen „Self-Tracker" sind folgende Aspekte besonders wichtig:**

	trifft zu	trifft nicht zu
a) Alltagstauglichkeit	☒	☐
b) Abwertung anderer Menschen	☐	☒
c) Motivation zur Verhaltensänderung	☒	☐
d) Verbesserung der Gesundheit	☒	☐
e) Erkenntnisgewinn	☒	☐
f) Vereinsleben	☐	☒

__Hinweis:__ Für einen Self-Tracker ist Alltagstauglichkeit wichtig (Antwort __a__), weil er täglich Daten sammelt, um sein Leben zu optimieren (vgl. Z. 45–56). Die ermittelten Zahlen ermöglichen ihm die Kontrolle über seine Arbeit und motivieren ihn auch zur Verhaltensänderung (Antwort __c__). Ebenso erhofft sich Crain, durch das Self-Tracking „gesünder" (Z. 12) zu werden (Antwort __d__). Ein Erkenntnisgewinn (Antwort __e__) ist für Self-Tracker auch wichtig und auf jeden Fall mit der Messung der Daten verbunden. Die Antworten __b__) und __f__) enthalten keine zutreffenden Aspekte, da es dabei um andere Menschen geht, Self-Tracker aber vorwiegend mit der eigenen Person beschäftigt sind.

13. Die Formulierungen „normalerweise“, „man“ und „alles“ enthalten Verallgemeinerungen.

„Normalerweise“ bedeutet, dass Gary Wolf keine individuelle Betrachtung anstellt, sondern von der Norm, also der Regel, ausgeht.

Gary Wolf behauptet, dass „man“, also jeder Mensch, unkontrolliert um sich schlage, wenn man versuche, sein Leben zu verändern (vgl. Z. 106–109).

Gary Wolf verallgemeinert auch, wenn er sagt, es ändere sich „alles“, wenn man verlässliche Daten über sich sammle. Dabei war zunächst nur die Rede davon, „etwas“ (Z. 108) verändern zu wollen.

Hinweis: *Es genügt, zwei Verallgemeinerungen zu erklären, um die volle Punktzahl zu erreichen.*

14. An Crains Vorgehensweise könnte irritieren, dass er sich der umfassenden Kontrolle durch Datenmessung bedingungslos und unkritisch ausliefert. Trotz der Bewunderung für seine Disziplin empfindet man sein Verhalten als zwanghaft und möchte nicht, dass er zum Vorbild für andere wird.

15. **Der letzte Absatz …**

	trifft zu	trifft nicht zu
a) ist ein Appell.	☐	☒
b) zeigt Extreme auf.	☒	☐
c) führt Meinungen an.	☒	☐
d) weitet den Blick für allgemeinere Aspekte.	☒	☐
e) enthält eine Steigerung der Argumentation.	☐	☒
f) zeigt Folgen der Selbstoptimierung auf.	☒	☐

Hinweis: *Der letzte Absatz ist kein Appell (Antwort **a**), denn der Leser bzw. die Leserin wird nicht direkt angesprochen oder z. B. aufgefordert, Crains Verhalten nachzuahmen oder kritisch zu sehen. Zutreffend ist, dass der Text am Ende Extreme aufzeigt (Antwort **b**): Es ist einerseits von „totalitäre[r] Kontrolle“ (Z. 129) und „bedingungslos[er]“ (Z. 129/130) Unterwerfung und andererseits von der Entwicklung „ungeahnte[r] Fähigkeiten“ (Z. 140/141) des Menschen die Rede. Außerdem führt die Autorin im letzten Absatz Meinungen an (Antwort **c**), indem sie begründet, warum manche Crains Lebensweise ablehnen und deren Folgen fürchten, andere aber seine Maßnahmen gutheißen und sogar bejubeln. Zutreffend ist auch, dass der letzte Absatz den Blick für allgemeinere Aspekte weitet (Antwort **d**), da allgemeine Aussagen zum Menschen und seiner Stellung in der Welt gemacht werden. Eine Steigerung der Argumentation (Antwort **e**) ist im letzten Absatz nicht enthalten. Folgen der Selbstoptimierung (Antwort **f**) werden dagegen aufgezeigt, die (negativ) in „totalitäre[r] Kontrolle“*

(Z. 129), aber auch (positiv) in „persönlicher Autonomie" (Z. 137), „Chancen" (Z. 138) und „ungeahnte[n] Fähigkeiten" münden können (Z. 140/141).

16. Einige Menschen fürchten, dass ...
    - die extrem auf Leistung ausgerichtete Lebensweise gesundheitliche Schäden zur Folge haben könnte.
    - der Leistungsgedanke zur Vereinsamung führen könnte.
    - auch der emotionale Bereich der totalen Kontrolle unterworfen wird.
    - Crains Ansatz zu einem zwanghaften Verhalten und damit zur Unfreiheit führen könnte.

    Hinweis: *Es genügt eine sinngemäß richtige Antwort, die die Gefahren der Nachahmung oder Übertreibung beinhaltet, um die volle Punktzahl zu erreichen.*

17. Man könnte hinter den Titel „Das tollere Ich" auch ein Fragezeichen setzen, ...
    - weil in dem Text auch kritische Aspekte angesprochen werden.
    - weil die Autorin selbst zu verstehen gibt, dass sie Crains Einstellungen kritisch sieht.
    - weil nicht sicher ist, ob diese Form der Selbstoptimierung tatsächlich zu einer Verbesserung des Lebens führt.

    Hinweis: *Es genügt eine sinngemäß richtige Begründung, um die volle Punktzahl zu erreichen.*

18. *Zitat:* „Wie schön das klingt!" (Z. 16)
    Erklärung: Die Worte Crains hören sich gut an, es ist aber nicht bewiesen, dass sie auch stimmen.

    Zitat: „Wer möchte nicht gesünder, bewusster und glücklicher sein?" (Z. 17/18)
    Erklärung: Fast alle haben diese Ziele und man hört einfach zu oft, dass jemand bewusster leben möchte, es dann aber doch nicht tut. Die Bemerkung wertet das Vorhaben ab.

    Zitat: „Er schläft jetzt offenbar schneller." (Z. 79/80)
    Erklärung: Die Bemerkung ist ironisch gemeint und zeigt die Skepsis der Autorin, denn es ist nicht möglich, das Schlaftempo zu erhöhen.

    Zitat: „Und sie vereint zwei große Trends unserer Zeit: den Wunsch nach menschlicher Perfektion mit dem Glauben an die Segnungen digitaler Technologie." (Z. 100–104)

Erklärung: Wenn man sagt, die Erfindung sei eine Segnung für die Menschheit, drückt man damit seine Freude über die positiven Auswirkungen aus. Auch hier schwingt wieder Ironie mit, weil die Autorin nicht glaubt, dass dies auf die digitalen Technologien durchgehend zutrifft.

Zitat: „Und auch der Berliner Crain hält sich für einen Pionier bei der Erfüllung des alten Menschheitstraums, die Kluft zwischen Wollen und Handeln zu überwinden." (Z. 112–116)
Erklärung: Die Autorin schreibt, Crain halte sich für einen Pionier. Damit macht sie deutlich, dass dies seine subjektive Einschätzung ist. Sie selbst geht auf Abstand zu seiner Äußerung.

Zitat: „Noch lauscht man einem wie Crain zwar voll Bewunderung, doch am Ende eher irritiert und verstört." (Z. 121–123)
Erklärung: Die Selbstdisziplin Crains ist bewundernswert, wirkt andererseits aber auch zwanghaft. Niemand möchte sich gern einer totalen Kontrolle in allen Bereichen aussetzen. Deshalb reagiert man als Zuhörer*in „irritiert" und „verstört".

Zitat: „Manche lehnen dieses Prinzip als pure Leistungsideologie ab." (Z. 125/126)
Erklärung: Der Begriff „Ideologie" kommt aus der Politik und bezeichnet die Grundeinstellungen und Werte, die ein Mensch oder auch eine Partei vertritt. In diesem Zusammenhang möchte die Autorin wahrscheinlich kritisieren, dass Crain sich bedingungslos der technischen Kontrolle unterwirft und seine Einstellung als einzig richtige propagiert.

Hinweis: *Es genügt die Nennung und Erklärung eines Zitats, um die volle Punktzahl zu erreichen.*

19. Crain wird als Beispiel für effizientes Handeln angeführt, …
    - weil er die „tausend Möglichkeiten" (Z. 27) kennt, die ihm die Gegenwart bietet, er aber „aus seinem Dasein das Maximum" (Z. 28/29) herausholen möchte.
    - weil Crain ein „Produktivitäts-Log" (Z. 48) nutzt, mit dessen Hilfe er eine Übersicht hat, wie effizient er arbeitet.
    - weil Crain mithilfe eines „Internetdienst[es]" (Z. 58/59) Diagramme erstellt, die einen Vergleich seiner Ziele mit den erbrachten Leistungen möglich machen.

Hinweis: *Es genügt eine sinngemäß richtige Lösung, um die volle Punktzahl zu erreichen.*

B: Sprache

1. Das Komma **(1)** wird gesetzt, da auf den Nebensatz, der durch die Konjunktion „wenn“ eingeleitet wird, ein Hauptsatz folgt.

   Das Komma **(2)** wird gesetzt, weil ein erweiterter Infinitiv nach einem Hinweiswort folgt.

   ✎ ***Hinweis:*** *Ob es sich um einen Hauptsatz oder um einen Nebensatz handelt, kannst du an der Stellung der finiten (gebeugten) Verbform erkennen. Im Hauptsatz steht die finite Verbform in der Regel an zweiter Stelle (oder an erster), im Nebensatz am Ende des Satzes.*
   Der Infinitiv ist die Grundform des Verbs. In Sätzen tritt er häufig in der Kombination mit „zu“ auf und kann durch ein Wort oder eine Wortgruppe erweitert werden. Wenn im Hauptsatz ein Wort („dazu“) auf den Infinitiv hinweist, muss ein Komma stehen.

2.

Textstelle	**Stilmittel**
Wer möchte nicht gesünder, bewusster und glücklicher sein?	rhetorische Frage
Grafiken zeigen ihm, wie viel er in der letzten Woche geschafft hat. Wie viel im letzten Monat. Wie viel im ganzen Jahr.	Anapher / Ellipse
Am Morgen begrüßt ihn eine Grafik seines Schlafmusters: Montag, steht dann da, 73 Minuten Traumphase, 120 Minuten Tiefschlaf, 156 Minuten Leichtschlaf, 5 Mal aufgewacht.	Personifikation

✎ ***Hinweis:*** *Eine **rhetorische Frage** ist eine Scheinfrage, auf die keine Antwort erwartet wird. Die Formulierung soll lediglich zum Nachdenken anregen.*
*Von **Anapher** spricht man, wenn z. B. mehrere Satzanfänge gleich sind, hier: „wie viel“.*
*Als **Ellipse** wird ein verkürzter, unvollständiger Satz bezeichnet. In diesem Beispiel fehlen jeweils das Subjekt und das Prädikat. Die vollständigen Sätze könnten lauten: „Wie viel habe ich im letzten Monat erreicht? Wie viel habe ich im ganzen Jahr geschafft?“*
*Eine **Personifikation** liegt vor, wenn Gegenstände oder Begriffe vermenschlicht werden. In diesem Beispiel erhält die Grafik des Schlafmusters menschliche Fähigkeiten und kann jemanden begrüßen.*

3. Der Konjunktiv II drückt hier eine Möglichkeit aus, nämlich eine weitere mögliche Bezeichnung für Crain, der sich selbst als Vorreiter hinsichtlich moderner Selbstoptimierung sieht.

   ✎ ***Hinweis:*** *Der Konjunktiv II drückt etwas aus, das nicht real ist, aber sein könnte, z. B. eine Möglichkeit oder einen Wunsch.*

4. Wieder andere bejubeln die Chancen und Herausforderungen der Disziplinierung und beschwören ungeahnte Fähigkeiten, die der Mensch entwickeln könnte, **wenn / falls / sofern** ihm nicht die eigene Willenlosigkeit und Trägheit im Wege stünde.

   Hinweis: *Die Konjunktionen wenn, falls und sofern könnten hier den konditionalen Adverbialsatz einleiten. Man kann fragen: Unter welcher Bedingung bejubeln andere die Chancen und Herausforderungen der Disziplinierung und beschwören ungeahnte Fähigkeiten?*

5. Gary Wolf, einer der Gründer von Quantified Self, schreibt in der *New York Times*, man …
   schlage normalerweise einfach nur wild um sich beim Versuch, etwas in seinem Leben zu verändern.
   Beginne man aber, verlässliche Daten über sich selbst zu sammeln, **ändere** sich alles.

   Hinweis: *In der indirekten Rede steht hier der Konjunktiv I. Dadurch wissen die Zuhörer*innen oder Leser*innen, dass nur wiedergegeben wird, was man gehört oder gelesen hat. Man bildet den Konjunktiv I, indem man nach dem Stamm ein **e** einfügt (z. B.: „man schlägt" – „man schlage" oder „man beginnt" – „man beginne" oder „es ändert sich" – „es ändere sich").*

C: Schreiben

Schreibaufgabe 1: Stellungnahme

Hinweis: *Bei dieser Aufgabe sollst du dich in die* ***Rolle eines Mitglieds der Schülermitverwaltung*** *hineinversetzen und eine* ***Stellungnahme in Form eines Briefes*** *schreiben. Du musst deshalb schon am Anfang die Merkmale der Textsorte Brief (Ort, Datum, passende Anrede) berücksichtigen.*

Gehe in der ***Einleitung*** *zunächst freundlich auf die* ***Adressatin*** *oder den* ***Adressaten*** *des Briefes ein, indem du z. B. auf das gute Verhältnis zur Schulleitung verweist. Anschließend nennst du den* ***Schreibanlass*** *und stellst den Bezug zu dem Zeitungsartikel her, in dem Crains Konzept beschrieben wird. Im Zusammenhang mit der Fragestellung musst du nun eindeutig* ***Position beziehen****. Entweder befürwortest du die geplante Einladung Crains oder du argumentierst dagegen. In der* ***Überleitung*** *zum Hauptteil begründest du dein Schreiben mit dem Hinweis an die Schulleitung, dass du in der Stellungnahme deine Argumente anführen und auch auf Gegenargumente eingehen möchtest, damit deine Beurteilung verstanden wird.*

Im ***Hauptteil*** *führst du mehrere Argumente aus. Welche Vorteile oder Nachteile und Gefahren sind mit dem Vortrag Crains verbunden? Gehe jeweils zunächst auf mögliche* ***Argumente der Gegenseite*** *ein, mache aber deutlich, dass du diese Gedanken nicht für entscheidend oder sogar für falsch hältst. Erläutere dann die* ***Argumente, die deine Meinung stützen****, und finde* ***Begründungen*** *und* ***Beispiele*** *zur Veranschaulichung deiner Gedanken. Steigere dich in der Argumentation und führe dein wichtigstes Argument am Ende des Hauptteils an.*

Im ***Schlussteil*** *sprichst du die Adressatin oder den Adressaten direkt an und bekräftigst noch einmal deine Position, indem du eine* ***zusammenfassende Wertung*** *abgibst und auf das wichtigste Argument verweist. An dieser Stelle kannst du auch noch einmal einen* ***direkten Appell*** *an die Schulleitung formulieren. Du musst dich in diesem Teil des Textes nicht eindeutig für oder gegen die Fragestellung entscheiden, sondern kannst auch zu einer Kompromisslösung kommen, indem du rätst, unter welchen Bedingungen das Konzept von Crain vorgestellt werden könnte. Auch der Hinweis auf andere geeignete Vortragsthemen hätte hier seinen Platz. Runde den Brief mit dem* ***Dank*** *für die Einbeziehung der SV und der Bitte um baldige Antwort ab und finde eine passende* ***Schlussformel. Unterschreibe*** *den Brief abschließend mit (d)einem Namen.*

Da es sich um einen Brief an die Schulleitung handelt, sollte die ***Ausdrucksweise*** *sachlich und respektvoll sein. Achte auf die Großschreibung der Pronomen bei der Höflichkeitsanrede „Sie". Sprich die Adressatin oder den Adressaten an einigen Stellen direkt an, um deinem Schreiben Nachdruck zu verleihen. Da eine Schülerin oder ein Schüler den Brief verfasst, können an einigen Stellen auch Ausdrücke aus der Jugendsprache einfließen, überwiegend solltest du aber sachlich argumentieren und in* ***Standardsprache*** *formulieren, damit dein Anliegen eine ernsthafte Wirkung hat.*

Kiel, den 05. 05. 2021 — *Ort und Datum*

Sehr geehrte Frau Dr. Wagner, — *Anrede*

Einleitung

ich schreibe Ihnen diesen Brief, weil ich ein besonderes Anliegen habe und aus der Vergangenheit weiß, dass Ihnen die Zusammenarbeit mit der SV am Herzen liegt.

Schreibanlass

Sie haben uns als Schülermitverwaltung darüber informiert, dass Sie planen, Brian Fabian Crain in der Vorhabenwoche „Fit fürs Leben“ einen Vortrag halten zu lassen. Er soll den 9. und 10. Klassen sein Konzept zur Leistungssteigerung und für ein glücklicheres Leben vorstellen.

Bezug

Als Mitglied der SV habe ich mich mit dem von Ihnen zugesandten Zeitungsartikel, in dem Crains Konzept beschrieben wird, intensiv beschäftigt und seine Vorgehensweise mit anderen Schülerinnen und Schülern diskutiert.

Äußern der eigenen Position

Am Ende der Diskussion sind wir zu dem Ergebnis gekommen, dass der Vortrag für unsere Vorhabenwoche nicht geeignet ist.

Überleitung zum Hauptteil

Damit Sie verstehen, warum wir zu dieser Auffassung gelangt sind, möchte ich Ihnen in meiner Stellungnahme unsere Bedenken erläutern. Dabei werde ich auch auf Gegenargumente eingehen.

Hauptteil

Anführen und Entkräften eines Gegenarguments

Wir können nachvollziehen, dass Sie davon beeindruckt sind, mit welcher Konsequenz Crain vorgeht. Er setzt sich feste Ziele und kontrolliert die Effizienz seiner Arbeit durch den Einsatz von Messgeräten, um diese Ziele ohne Ablenkung zu erreichen. Aber haben Sie bedacht, dass die meisten von uns erst 15 Jahre alt sind? Viele von uns können noch gar nicht erkennen, welche Ziele für sie erstrebenswert sind, weil ihre Persönlichkeitsentwicklung noch nicht abgeschlossen ist.

Erstes Argument zum Stützen der eigenen Position: Zeit für Orientierung haben

Unserer Meinung nach sollten wir in unserem Alter genügend Zeit zum Erproben unserer Fähigkeiten haben und uns dann erst Ziele setzen, auf die wir hinarbeiten.

Begründung

Nur so können wir uns selbst kennenlernen und erkennen, welche Stärken und Schwächen wir haben.

Beispiele

Aus meinem Bekanntenkreis weiß ich, dass einige ihre Berufsausbildung abgebrochen haben, weil sie noch nicht richtig einschätzen konnten, welcher Beruf für sie geeignet ist. Ich werde z. B. nach meinem Schulabschluss zunächst ein Praktikum in einer Werbeagentur und anschließend ein soziales Jahr ableisten, um Einblicke in verschiedene Bereiche zu bekommen und auch – das gebe ich zu – mehr Zeit für eine Entscheidung zu haben.

Anführen und Entkräften eines Gegenarguments

Es ist sicher der Fall, dass viele Schülerinnen und Schüler – und wir möchten uns nicht davon ausnehmen – nicht immer genügend Leistung bringen. Das hat bestimmt auch zu Ihrer Überlegung beigetragen, Crain einzuladen. Er arbeitet jeden Tag daran, seine Leistung zu steigern, und könnte uns erklären, wie man das Maximum aus sich herausholt. Vermutlich werden manche sogar das von Crain empfohlene „Produktivitäts-Log“ nutzen wollen, weil man damit angeben kann, ein so „cooles Programm“ einzusetzen.
Was passiert jedoch, wenn die Daten nicht den Erfolg, sondern das Scheitern der Anstrengungen dokumentieren? Gesundheitliche Schäden, Frust und im extremen Fall sogar Leistungsverweigerung könnten die Folgen sein.

Zweites Argument zum Stützen der eigenen Position: Schule als geschützter Lernraum

Wir möchten aber, dass Schule ein geschützter Lernraum ist und nicht zum „Leistungslabor“ wird. Bei der Leistungsbeurteilung darf nicht nur die Quantität, also die Menge des Geleisteten, eine Rolle spielen, sondern die Lernbedingungen von uns Schülerinnen und Schülern müssen mit berücksichtigt werden.

Begründung

Viele haben Probleme mit den Eltern oder können noch nicht genügend Disziplin und Ausdauer bei ihrer Arbeit einbringen. Die Hilfe bei der Beseitigung der Ursachen ist ein wichtiger Bestandteil einer möglichst stressfreien schulischen Betreuung, wie wir sie uns wünschen.

Beispiele

In der Schule beobachten wir schon jetzt, dass einige von uns sich schnell überfordert und entmutigt fühlen, wenn der Leistungsdruck durch Prüfungen zu groß wird. Sie stören dann durch negatives Verhalten den Unterricht oder schwänzen sogar die Schule.

Anführen und Entkräften eines Gegenarguments

Außerdem sollten Sie bedenken, dass Crains Konzept vielleicht hilft, Ablenkung und Zeitverschwendung bewusst zu machen, aber Jugendliche auch dazu verleiten könnte, sich nur an Technik und Zahlen zu orientieren. Wollen Sie wirklich, dass sie darin ihr Glück sehen?

Drittes Argument zum Stützen der eigenen Position: Entfaltung in ruhigen Phasen möglich

Besonders junge Menschen brauchen ruhige Phasen ohne Leistungsmessung und sollten bewusst nach Beschäftigungen suchen, die nicht dem Diktat der Zahlen unterworfen sind.

Begründung

Nur so können sie ein Gespür für die Qualität und den Sinn der eigenen Betätigung entwickeln und ihre Stärken entfalten.

Beispiele

In Schule und Freizeit gibt es für Jugendliche im kreativen Bereich viele Angebote, die Spaß machen und deren Effektivität sich nicht in Zahlen ausdrücken lässt. Ich selbst bin Mitglied der Theater-AG und nehme mit Begeisterung regelmäßig an Mal-Workshops teil. Andere Angebote gibt es in den Bereichen Musik und Sport. Messbar ist der Erfolg dieser Beschäftigungen nicht immer, aber sie bieten viel Selbstbestätigung und Freude.

Anführen und Entkräften eines Gegenarguments

Wichtig ist auch der Gesichtspunkt, dass Jugendliche in Crain ein modernes Vorbild sehen könnten. Er bezeichnet sich als „Self-Tracker" und Pionier bei der Erfüllung des Menschheitstraums, die Kluft zwischen Wollen und Handeln zu überwinden. Dieses große Selbstbewusstsein könnte viele faszinieren und so beeindrucken, dass sie nachahmen wollen, was er vorlebt.

Gegen moderne Vorbilder, die Jugendliche anspornen, ist grundsätzlich nichts einzuwenden, aber man sollte bedenken, dass es ihm nur um die eigene Person geht und er sein Glücksgefühl ausschließlich aus Leistungssteigerung ableitet. Sein Perfektionismus könnte bei unkritischen Bewundernden und Nachahmenden zur Vereinsamung führen, weil sie nur mit sich selbst beschäftigt sind.

Viertes Argument zum Stützen der eigenen Position: Wert von Freunden und Familie

Gerade für uns Jugendliche aber sind Familie und Freundschaften sehr wichtig. Zu einer glücklichen Lebensführung gehört für uns die emotionale Nähe zu anderen Menschen, denen wir vertrauen und die uns Halt geben.

Begründung

Beispiele

Wenn ich z. B. zu Hause mit meinen Eltern und Geschwistern zusammen Zeit verbringe, mit ihnen Gespräche führe, mit ihnen esse oder auch mal nichts tue und entspanne, genieße ich das sehr. Hier fühle ich mich aufgehoben.
Ebenso wichtig ist mir die Freundschaft mit den „Leuten", die ich in meiner Freizeit regelmäßig treffe und mit denen ich zweimal in der Woche im Fußballverein trainiere und Spaß habe. Wir sind als Team stark und können uns aufeinander verlassen. Wenn es einem von uns schlecht geht, kann er auf die Hilfe der anderen hoffen und ist nicht allein mit seinen Problemen.

Schlussteil

Direkte Ansprache der Adressatin

Bekräftigen der eigenen Position

Zusammenfassung und Anführen des wichtigsten Arguments

Wie Sie lesen konnten, sehr geehrte Frau Dr. Wagner, beurteilen wir das Konzept von Crain zur Selbstoptimierung sehr kritisch. Unserer Meinung nach eignet sich Crains Vortrag nicht für Menschen unseres Alters. Der Gesichtspunkt, dass Crain sein Lebensglück ausschließlich in Leistung und Kontrolle sieht und die Wichtigkeit von emotionaler Bindung nicht berücksichtigt, hat bei der Bewertung eine besondere Rolle gespielt.

Appell

Wir möchten Sie daher bitten, über die geplante Einladung Crains noch einmal nachzudenken.

Zusätzliche Vorschläge

Vielleicht wäre es möglich, Crains Vortrag in schriftlicher Form zu beschaffen und als Diskussionsvorlage einzusetzen. So entsteht mehr Distanz zum Inhalt und die darin verborgenen Gefahren könnten in einem anschließenden Gespräch herausgearbeitet werden.
Gerne wäre ich aber auch zusammen mit den Mitgliedern der SV bereit, mit Ihnen über andere geeignete Vortragsthemen zu sprechen. Uns wäre viel sympathischer, wenn es dabei nicht um die Optimierung der einzelnen Person ginge, sondern um Solidarität mit anderen Menschen. Man könnte in einem Vortrag die Arbeit von Hilfsorganisationen vorstellen und so erreichen, dass sich mehr Jugendliche für

Menschen in Not engagieren und dadurch „fit fürs Leben“ werden.

Ich hoffe, Sie empfinden meinen Brief nicht als unangemessene Kritik an Ihrem Vorhaben und denken über unsere Einwände noch einmal nach. — *Hoffnung auf positive Auswirkung*

Auf Ihre Antwort sind wir gespannt. — *Bitte um Rückmeldung*

Vielen Dank für Ihre Zeit. — *Dank*

Liebe Grüße und auf bald — *Grußformel*

Jan Brückner — *Unterschrift*

Schreibaufgabe 2: Interpretation einer Abbildung

***Hinweis:** Bei dieser Aufgabe sollst du ein Bild interpretieren und dann beurteilen, ob sich die Abbildung als Textergänzung eignet. Das ist eine sehr umfangreiche Aufgabenstellung. Halte dich deshalb genau an die drei geforderten Arbeitsschritte **Beschreibung, Deutung und Beurteilung** und kennzeichne den Aufbau deines Textes durch Absätze.*

*Betrachte das Bild zunächst genau, damit du verstehst, was dargestellt ist. Was ist auf dem Bild zu sehen? Mache dir Notizen und lege dann eine sinnvolle Reihenfolge für deine **Beschreibung** fest. Beginne deine Ausführungen mit einem **Einleitungssatz**, in dem Darstellungsform, Titel und Thema genannt werden. Beschreibe zunächst allgemein die im Bild **dargestellte Situation** und gehe dann auf Einzelheiten (z. B. Personen, Raum, Gegenstände) ein. Beachte dabei, dass in diesem Cartoon die Figuren und Gegenstände abweichend von ihrem wirklichen Aussehen dargestellt sind. Beschreibe dann Form, Position und Inhalt der **Sprechblase**. Wähle für die Beschreibung eine **sachliche Ausdrucksweise** und verzichte auf jede persönliche Wertung.*

*Beginne dann mit der **Deutung** des Bildes: Was will der Zeichner ausdrücken oder kritisieren? Erläutere, wie sich die einzelnen Teile des Bildes und der Inhalt der Sprechblase interpretieren lassen. Wähle auch hier eine sachliche Ausdrucksweise, mache aber deutlich, dass es sich bei deinen Ausführungen um eine **mögliche Interpretation aus deiner Sicht** handelt. **Begründe** deine Deutung mit der Art der Darstellungsweise in den einzelnen Teilen des Cartoons.*

*Bevor du beurteilen kannst, ob sich die Abbildung als Textergänzung eignet, musst du Cartoon und Text **vergleichen**: Welche **Übereinstimmungen** sind zu erkennen? Welche **Unterschiede** gibt es? Mache dir zunächst Notizen und lege dann den Aufbau deines Vergleichs fest. Erläutere die für dein Urteil entscheidenden Gesichtspunkte am Ende dieser Ausführungen. Fasse zusammen, was der Vergleich ergeben hat, und komme zu einem **Urteil**. Wie kannst du nun die **Themenfrage** beantworten? Denke abschließend über Kompromissvorschläge nach, die deine Ausführungen abrunden könnten.*

Themenfrage

Würdest du diese Abbildung zur Ergänzung des Textes „Selbstoptimierung: Das tollere Ich" verwenden?

Beschreibung

Einleitender Satz (Textsorte, Titel, Thema)

Beschreibung der Situation

Beschreibung der Einzelheiten

Der aus Bild- und Textteil bestehende Cartoon von Markus Grolik hat das Thema Selbstoptimierung zum Inhalt. Die Abbildung zeigt eine Verkaufssituation in einem Geschäft, in dem sich zwei Männer gegenüberstehen. Der in der linken Hälfte des Raums zu sehende Käufer teilt sein Anliegen dem Verkäufer mit, der ihm bewegungslos mit herabhängenden Armen und geschlossenem Mund zuhört.

– Personen

Die beiden schlicht gekleideten Männer sind in comicartiger Weise vereinfacht dargestellt und fallen durch ihre dicken Körper auf. Ihre einfach gezeichneten Gesichter, die ohne Hals auf dem Körper sitzen, haben übermäßig lange Nasen.

– Geräte

Um die Männer herum sieht man links und rechts, halbkreisförmig auf Podesten angeordnet, elektrische Geräte, die trotz der nur umrisshaften Darstellung als Smartphones, Tablets und digitale Fitnessuhren zu erkennen sind. Durch den Lichteinfall und den Verzicht auf weitere Einrichtungsgegenstände im Raum wird das Augenmerk auf diese Geräte gelenkt.

– Sprechblase

Form / Position / Inhalt

Im oberen Drittel des Bildes befindet sich mittig eine ovale Sprechblase, deren Häkchen zum geöffneten Mund des Kunden führt. In Großbuchstaben ist der Kaufwunsch formuliert. Der Kunde sagt, er brauche ein Gerät, das ihn so richtig selbstoptimiere.

Interpretation

Ausgangssituation / Erwartung des Käufers

Der in der Abbildung als Käufer dargestellte Mann wirkt mit seinem Übergewicht, der auffallend großen Nase und dem aufgerissenen Mund insgesamt unattraktiv. Vermutlich erhofft er sich eine Verbesserung seines Äußeren, die er durch den Erwerb eines einzigen Geräts einkaufen möchte.

Naive Einschätzung der Wirkung

Wenn er sagt, er möchte „mal" optimiert werden, glaubt er naiv an eine schnelle Wirkung durch eine gelegentliche, vielleicht nur einmalige Anwendung.

Keine nachhaltige Veränderung

Eine ernsthafte und nachhaltige Veränderung der Lebensweise, die durch mehr Bewegung und gesunde Ernährung zum Erfolg führt, ist nicht geplant.

Überhöhte Einschätzung der Technik

Die Forderung des Kunden, er brauche ein Gerät, das ihn „mal so richtig selbstoptimiert", verrät seine überhöhte Einschätzung der Technik. Er möchte dem Gerät die ganze Arbeit überlassen, es soll (von) selbst optimieren.

Willenskraft, Disziplin und Durchhaltevermögen fehlen

Wirkung gewünscht, aber ohne Anstrengung

Er setzt seine Hoffnung auf ein äußerst effektives Gerät, das „so richtig" seine Wirkung zeigt, weil ihm vermutlich Willenskraft, Disziplin und Durchhaltevermögen fehlen. Der gewünschte Erfolg soll durch das Gerät erreicht werden und ihm selbst sollen unbequeme Anstrengungen erspart werden.

Beeinflussung durch exklusive Präsentation der Geräte

Die exklusive Präsentation der Apparate auf Podesten verstärkt zusätzlich seine Erwartungen, denn es entsteht der Eindruck, es handle sich tatsächlich um kostbare und effektive Geräte, die es ermöglichen, mit dem Erwerb die erhoffte Wirkung zu erzielen.

Wirkung auf den Betrachter bzw. die Betrachterin

Der Cartoon lässt den Betrachter bzw. die Betrachterin schmunzeln, weil die Personen durch die karikaturhafte Darstellung komisch wirken und das naive Streben nach Selbstoptimierung indirekt auf humorvolle Weise kritisiert wird.

Beurteilung

Abbildung eignet sich als Textergänzung

Gemeinsamkeiten:

– Thema

Für den Einsatz der Abbildung als Textergänzung würde sprechen, dass es mehrere Anknüpfungspunkte gibt. Sowohl der Cartoon als auch der Text thematisieren den menschlichen Wunsch nach Perfektion, der durch den Einsatz geeigneter Technik verwirklicht werden soll.

Der Titel des Textes lautet „<u>Selbstoptimierung</u>: Das tollere Ich" und in der Sprechblase kommt das entsprechende Verb vor: „Ich brauche ein Gerät, das mich mal so richtig <u>selbstoptimiert</u>."

– Vertrauen auf Technik

Die als Käufer dargestellte Person im Bild vertraut ähnlich wie Crain auf die Wirkung der Technik. Beide sehen darin eine Möglichkeit, fehlende Willenskraft bei dem Optimierungsversuch zu überwinden.

– Übertreibung bei Selbstoptimierung

In der Abbildung wird außerdem wie im Text Kritik am Verhalten der beteiligten Personen ausgedrückt. Beide übertreiben bei ihren Versuchen nach Optimierung. Der Kunde im

Geschäft möchte den Effekt durch ein einziges Gerät erreichen. Crain übertreibt durch die übermäßige Kontrolle und Messung in mehreren Bereichen und wird von der Autorin deswegen auch nicht nur positiv gesehen, denn sie schreibt, dass manche Crains Prinzip für „pure Leistungsideologie" (Z. 126) und „totalitäre[…] Kontrolle" (Z. 129) hielten.

– Ironische Stilelemente

Sowohl der Cartoon als auch der Text enthalten ironische Elemente. Der Zeichner des Cartoons kritisiert das naive Konsumverhalten des Käufers durch Übertreibung in komischer und ironischer Weise. Die Autorin des Textes kommentiert Crains Verhalten an einigen Stellen ebenfalls mit ironischen Anmerkungen, um ihre Distanz zu seinem Vorgehen deutlich zu machen. Sie schreibt z. B., Crain schlafe offenbar schneller, seitdem er einen Schlafmesser einsetze (vgl. Z. 67–80).

Abbildung eignet sich nicht als Textergänzung

Zwischen Abbildung und Text findet man aber auch erhebliche Unterschiede, die dagegen sprechen, dass die Abbildung als Textergänzung eingesetzt wird.

Unterschiede:
– Ausgangssituation

Ein auffallender Unterschied besteht darin, dass die Hauptpersonen voneinander abweichende Ausgangsbedingungen mitbringen und die technischen Geräte jeweils anders nutzen wollen.

Im Mittelpunkt des Bildes steht eine Person, die übergewichtig ist und sich noch nicht „selbstoptimiert" hat. Sie ist unattraktiv und ihre Passivität ist so groß, dass sie selbst nicht in Erwägung zieht, ihre Lebensweise zu ändern. Deshalb sucht sie ein Gerät, das Wunder bewirkt und den gewünschten Erfolg bringt.

Crain dagegen hat schon länger erfolgreich an seiner Selbstoptimierung gearbeitet und fällt durch sein perfektes Aussehen auf. Er ist attraktiv und arbeitet aktiv an stetiger Leistungssteigerung. Zur Unterstützung seiner Bemühungen setzt er nicht nur ein Gerät, sondern differenziert mehrere Geräte ein.

– Einsatz

Ein weiterer Unterschied zwischen Abbildung und Text besteht darin, dass die Person im Cartoon sich nur „mal" selbstoptimieren möchte, während Crain immer weiter nach Möglichkeiten sucht, um nachhaltig umfassende Kontrolle und weitere Leistungssteigerung zu erreichen.

– Darstellungsweise

Der größte Unterschied zwischen Bild und Text ist aber darin zu sehen, dass der Cartoon das Verhältnis mancher Menschen gegenüber der Technik in humorvoller Weise darstellt, während der Text überwiegend sachlich über den Wunsch nach menschlicher Perfektion mithilfe digitaler Technologie informiert.

– Wirkung

Der Cartoon bringt den Betrachter bzw. die Betrachterin eher zum Lachen oder Schmunzeln, während dem Leser bzw. der Leserin des Textes ernsthafte Bedenken und Zweifel hinsichtlich des zwanghaften Verhaltens der Hauptperson kommen. Die kritische Betrachtung gilt im Text auch nicht nur der Hauptperson, sondern insgesamt dem Trend nach Selbstoptimierung, Selbstvermessung und Kontrolle.

Zusammenfassung und Auswertung

Meine Ausführungen zeigen, dass sich Abbildung und Text grundlegend unterscheiden, obwohl die Thematik ähnlich ist.

Beantwortung der Themenfrage

Wegen dieser großen Unterschiede müsste man meiner Meinung nach zu dem Urteil kommen, dass sich die Abbildung nicht als Textergänzung eignet.

Begründung

Eine ernsthafte Diskussion über die Möglichkeit, sich mithilfe der Technik selbst zu optimieren und dadurch ein glücklicheres Leben zu führen, kann aus meiner Sicht schon hinreichend auf der Grundlage des Textes erfolgen, weil er sachlich geschrieben ist und wichtige Denkanstöße bietet. Der Cartoon ist bei einem Vorhaben dieser Art verzichtbar, denn er liefert keine zusätzlichen Informationen.

Kompromissvorschlag

Denkbar wäre aber meiner Ansicht nach, dass man die Abbildung als Einstieg in die Thematik wählt. Durch die Ironie der Darstellung und den darin enthaltenen Humor weckt man das Interesse der Zuhörer*innen und schafft die Bereitschaft, sich mit dem Thema näher zu befassen.

Abschlussprüfung Deutsch 2022

A: Lesen

1. In dem Textauszug geht es hauptsächlich um …

   b) ☒ Anpassung und Widerstand.

   Hinweis: *Textbelege dafür sind z. B. Z. 43–48, 50–57, 72–75, 87–92, 98–105 und 108–168. Im überwiegenden Teil des Textes geht es darum, dass Harro eine offene Konfrontation mit den Hitlerjungen vermeiden will. Er leistet passiven Widerstand, aber passt sich äußerlich der jeweiligen Situation an, da er sich bedroht fühlt. Er weicht aus, erfindet Ausreden und stimmt durch Kopfnicken dem Hitlerjungen schweigend zu, obwohl er anderer Meinung ist. Im letzten Teil des Textes wird beschrieben, wie die hitlerfeindliche Gruppe offen Widerstand gegen die Hitlerjungen leistet und sie durch ihr Eingreifen vertreibt. Während der Konfrontation mit den Hitlerjungen sagt der Ich-Erzähler zwar mehrfach die Unwahrheit, weil er Angst vor ihnen hat, es geht im Textausschnitt aber nicht hauptsächlich um Wahrheit und Lüge (Antwort* ***d****). Im Streit zwischen ihm und den Hitlerjungen kommt es auch nicht zu einer Versöhnung (Antwort* ***c****), sondern der Konflikt wird durch das Eingreifen außenstehender Personen gelöst, die ihre körperliche Überlegenheit einsetzen, um den Ich-Erzähler zu schützen. Im Gegensatz zu der Gruppe der Hitlerjungen wirkt der Ich-Erzähler einsam (Antwort* ***a****), denn er ist allein in der Stadt unterwegs, aber das ist nicht der Hauptaspekt des Textausschnitts.*

2. In diesem Textausschnitt erfährt man von der Hauptperson etwas über …

   d) ☒ Zeitpunkt, Klassenstufe, Vorlieben.

   Hinweis: *Im Textausschnitt berichtet der Ich-Erzähler, dass die Begegnung mit den Hitlerjungen am ersten Tag der Sommerferien passiert sei und er wenige Monate zuvor die neunte Klasse der Oberstufe mit mäßigen Zensuren abgeschlossen habe. Seine Vorliebe, sich auf der Straße herumzutreiben, scheint der Grund für seine Schulleistung zu sein, mit der die Eltern nicht zufrieden sind.*

3. Ursachen des Lärms am Nachmittag:
   1. Das Bremsen der Straßenbahnen verursacht einen so starken Lärm, dass man ihn körperlich spüren kann.
   2. Eine sehr große Menge von unterschiedlichen Mofas verursacht ein lautes unangenehmes Knattern.
   3. Aus den weit geöffneten Türen und Fenstern der Wirtshäuser dringen die Stimmen von vielen Gästen auf die Straße.

   Hinweis: *Es genügt die Angabe von zwei Ursachen, um die volle Punktzahl zu erreichen.*

4. *Einerseits* gelten Mofas als modern und sind deshalb sehr beliebt.

   Andererseits verursachen die Mofas viel Lärm, obwohl sie wenig PS haben und nicht schnell fahren können.

   Hinweis: *Das Widersprüchliche in der Beschreibung der Mofas kannst du herausarbeiten, indem du die aufwertenden und die abwertenden Teile der Beschreibung einander gegenüberstellst.*

5. Mit dem Ausdruck „festgewachsen“ könnte gemeint sein, …
   - dass der Junge die Fahne so fest an sich presst, dass sie sich optisch mit seinem Körper verbindet.
   - dass er durch seinen ernsten Gesichtsausdruck wirkt, als sei er wie die Fahnenstange aus Holz.
   - dass der Junge sich nicht bewegt und so Teil der Fahnenstange wird.
   - dass der Junge durch seine Haltung die feste Verbundenheit mit den durch die Fahne vermittelten Inhalten ausdrückt.

   Hinweis: *Es genügt eine sinngemäß richtige Antwort.*

6. Wenn von den Hitlerjungs gesagt wird, dass sie „aufgereiht wie auf einer Perlenkette“ marschieren, sagt das aus, …
   - dass sie sehr auf Disziplin achten und geordnet auftreten.
   - dass alle gleich aussehen und niemand aus der Gruppe heraustritt.
   - dass sie miteinander verbunden sind und zusammen eine Einheit bilden.

   Hinweis: *Es genügt eine sinngemäß richtige Erklärung.*

7. Das „es“ vermittelt den Eindruck von …
   - einer unheimlichen Gefahr, die noch nicht genau definiert ist.
   - etwas Unbekanntem, denn Harro kennt die einzelnen Mitglieder der Gruppe nicht.
   - etwas Unklarem, denn die Angst führt zu einer eingeengten Wahrnehmung.
   - schicksalhaftem Ausgeliefertsein in dieser Situation.

   Hinweis: *Es genügt eine sinngemäß richtige Antwort.*

8.

	trifft zu	trifft nicht zu
a) Die Gesichter der Hitlerjungs sind unterschiedlich zu deuten.	☒	☐
b) Die Hauptfigur wird umzingelt.	☐	☒
c) Die Hauptfigur vermutet, dass die Empörung vorgetäuscht ist.	☐	☒
d) Die Hitlerjungs können sich in die Situation der Hauptperson hineinversetzen.	☒	☐
e) Den Hitlerjungs geht es um die Diskussion verschiedener Standpunkte.	☐	☒
f) Die Lage ist für beide Seiten gefährlich.	☐	☒

Hinweis: ***a)*** *Die Hitlerjungen rücken so nahe an den Ich-Erzähler heran, dass er „[a]lles Mögliche" in ihren Gesichtern lesen kann (Z. 67/68).* ***b)*** *Die Hauptfigur wird nicht umzingelt, sondern die Hitlerjungen bilden lediglich einen Halbkreis (vgl. Z. 66/67) um ihn herum.* ***c)*** *Die Hauptfigur erkennt in den Gesichtern „ernste Empörung" (Z. 69). Die Formulierung zeigt, dass er nicht daran zweifelt, dass diese Reaktion echt ist.* ***d)*** *Die Hitlerjungen können sich in die Situation der Hauptperson hineinversetzen und sind erleichtert darüber, dass sie nicht in ihrer Haut stecken (vgl. Z. 70/71).* ***e)*** *Die Hitlerjungen lassen eine Diskussion verschiedener Standpunkte nicht zu (vgl. u.a. Z. 93/94), stattdessen verhalten sie sich Harro gegenüber überheblich und verächtlich (vgl. Z. 68/69).* ***f)*** *Die Lage ist nicht für beide Seiten, sondern zunächst nur für die Hauptperson gefährlich, weil die Hitlerjungen in der Überzahl sind (vgl. Z. 70/71).*

9. **Hier wird Bedrohlichkeit aufgebaut, indem …**

	trifft zu	trifft nicht zu
a) vor allem nur von Gesichtern die Rede ist, anstelle von Personen.	☒	☐
b) beschrieben wird, wie eine Bewegung durch eine aggressive Geste gestoppt wird.	☐	☒
c) aus einer gestellten Frage ein Vorwurf entwickelt wird.	☒	☐
d) beschrieben wird, wie eine unangemessene Nähe hergestellt wird.	☒	☐
e) eine gefährlich anmutende, plötzliche Stille beschrieben wird.	☐	☒
f) die aus der Menge herausgelöste Figur näher beschrieben wird.	☒	☐

Hinweis:* a)** *Die Hauptperson nimmt zunächst nur die Gesichter und deren unterschiedlichen Ausdruck wahr (vgl. Z. 66–71).* ***b) *Im Text wird keine Bewegung beschrieben, die jemand durch eine aggressive Geste stoppt.* ***c)*** *Aus der Frage der Hauptperson „Was hab ich gemacht?“ wird der Vorwurf entwickelt, sie habe etwas nicht gemacht, nämlich die Fahne nicht gegrüßt (vgl. Z. 75–86).* ***d)*** *Die Aussage trifft zu, denn die Hauptperson beschreibt, dass sie die Nähe der Hitlerjungen hinter sich spürt und wie von selbst abwehrend die Hände hebt (vgl. Z. 72–77). Danach rückt der Anführer der Hitlerjungen noch näher heran (vgl. Z. 76/77).* ***e)*** *Der Anführer der Hitlerjungen lässt keine Stille aufkommen, weil er die Hauptperson mit seinen Fragen und Anschuldigungen in die Enge treiben will.* ***f)*** *Die Aussage trifft zu, denn der Anführer der Hitlerjungen wird näher beschrieben (vgl. Z. 79–85).*

10. Die Hauptperson verhält sich so, …
    - weil das Gefühl der Bedrohung durch die Hitlerjungen so übermächtig ist, dass sie nicht zu widersprechen wagt.
    - weil sie weiß, dass die Hitlerjungen im Hinblick auf die Bedeutung der Fahne nicht mit sich reden lassen.
    - weil sie den aufgebrachten Hitlerjungen mit dem Kopfnicken beschwichtigen möchte, auch wenn sie dessen Aussage über die Bedeutung der Fahne nicht versteht.

Hinweis: *Es genügt eine sinngemäß richtige Antwort.*

11. Der Vergleich mit Wildschweinen hat die Funktion, …
    - die Überlegenheit der hitlerfeindlichen Gruppe gegenüber den Hitlerjungen auszudrücken.
    - die Hitlerjungen als minderwertiges Gesindel darzustellen, das man mit Lärm vertreiben kann.

Hinweis: *Es genügt eine sinngemäß richtige Antwort.*

12.

	trifft zu	trifft nicht zu
a) Die Luft im Stadtteil ist stickig.	☐	☒
b) Es droht eine gewaltsame Auseinandersetzung.	☒	☐
c) Der Wortführer beruhigt die kampfbereiten Hitlerjungs.	☐	☒
d) Die Neuankömmlinge geraten in Stress.	☐	☒
e) Der „Dickschultrige“ behält bis zuletzt die Kontrolle über die Hitlerjungs.	☒	☐
f) Die Hitlerjungs verlieren das stumme Duell.	☒	☐

Hinweis: *Von der Qualität der Luft ist nicht die Rede. Mit dem Ausdruck „die Luft in Stücke schneiden können" (Z. 131/132) ist die angespannte Situation gemeint.* **b)** *Die Aussage trifft zu, denn mit einer falschen Bewegung könnte „das Jüngste Gericht" (Z. 135), also ein gewaltsamer Übergriff, drohen.* **c)** *Der aggressive Wortführer hat zu keinem Zeitpunkt die Absicht, die Hitlerjungen zu beruhigen. Er hätte nicht so schnell aufgegeben, muss aber zur Kenntnis nehmen, dass seinen Leuten durch die Konfrontation mit der anderen Gruppe „sichtlich die Lust vergangen" (Z. 140) ist.* **d)** *Die Neuankömmlinge geraten nicht in Stress, sondern wirken ruhig und überlegen. Sie grinsen, als die Hitlerjungen abziehen (vgl. Z. 143–146).* **e)** *Der „Dickschultrige" gibt trotz der Niederlage Befehle an die Hitlerjungen und bestimmt so ihr Verhalten (vgl. Z. 142).* **f)** *Die Hitlerjungen verlassen den Ort der Auseinandersetzung und fügen sich wortlos der Übermacht der anderen Gruppe (vgl. Z. 141–146).*

13. Die erhobenen Hände sind hier ein Zeichen für eine …

    b) [X] überlegene Zurückhaltung.

Hinweis: *Das Heben der Hände zeigt, dass ein gewaltsames Vorgehen nicht mehr droht, wenn die Hitlerjungen sich der Übermacht der Neuankömmlinge beugen und abmarschieren. Bedingungslose Kapitulation (Antwort **a**) findet nicht auf Seiten der Neuankömmlinge statt, sondern bei den Hitlerjungen, die den Schauplatz verlassen. Die erhobenen Hände sind auch kein Zeichen einer erschrockenen Abwehrhaltung (Antwort **c**), denn die Neuankömmlinge sind körperlich überlegen und müssen sich nicht weiter gegen die Hitlerjungen wehren. Ein offensichtliches Harmoniebedürfnis (Antwort **d**) zeigen sie bei diesem Vorfall nicht, denn sie vertreiben die Hitlerjungen, indem sie sie einschüchtern.*

14. Der Blonde und der Ich-Erzähler …

    a) [X] verstehen sich ohne viele Worte.

Hinweis: *Der kurze Dialog zwischen dem Ich-Erzähler und dem Blonden besteht aus nur vier grammatisch unvollständigen Sätzen. Sie verstehen sich sofort und reden nicht aneinander vorbei (Antwort **d**). Sie zeigen auch kein zögerliches Gesprächsverhalten (Antwort **c**), denn der Blonde versteht den Ich-Erzähler, weil er dessen kritische Einstellung gegenüber den Hitlerjungen teilt. Neugier (Antwort **b**) ist nicht der Anlass für ihr Gespräch, denn beide wissen, worum es geht.*

15. Der Ich-Erzähler …
    1. ist von der Gruppe von „Kerle[n]" (Z. 122), die „verwegen" (Z. 125) aussehen, eingeschüchtert.
    2. steht noch unter Schock und überspielt seine Unsicherheit, anstatt sofort zu antworten.
    3. gibt seine Einstellung bewusst nicht eindeutig zu erkennen, weil er nicht weiß, ob er dem Blonden trauen kann.
    4. möchte nicht als Opfer dastehen und versucht, interessant zu wirken.

Hinweis: *Es genügt, zwei sinngemäß richtige Antworten zu nennen.*

16. Die Aussage, dass die Hitlerjungen wie Wesen ohne vollständige Körper erscheinen, lässt sich mit folgenden Zitaten belegen:
    - „Ein Halbkreis von Gesichtern rückte näher." (Z. 66/67)
    - „Der Halbkreis blieb stehen. Eins der Gesichter löste sich und kam ganz nah an meins heran." (Z. 75–77)
    - „‚Du hast etwas nicht gemacht', sagte das Gesicht." (Z. 78/79)
    - „Die Schultern unter dem Gesicht waren so dick, dass sie den Halbkreis der anderen verschluckten." (Z. 81–83)
    - „‚Schluss! Genug!', rief der Dickschultrige." (Z. 117/118)

    Hinweis: *Es genügt ein passendes Zitat.*

17. Das Gedicht passt zum Textauszug.
    - Das lyrische Ich nimmt wie die Hauptperson im Textauszug wahr, dass die momentane Situation „vielleicht" (V. 3) nicht beeinflussbar ist.
    - Das lyrische Ich und der Ich-Erzähler im Textauszug geben trotz ihrer Selbstzweifel nicht auf.

    Das Gedicht passt nicht zum Textauszug.
    - Das lyrische Ich wirkt reifer als der Ich-Erzähler und blickt reflektierend auf die Entwicklung seines Lebens.
    - Das lyrische Ich strebt ein höheres Ziel an, das durch die Bahnen (Ringe) seines Lebens vorgegeben ist.
    - Das lyrische Ich drückt im dritten Vers aus, dass es sein größtes Ziel vielleicht nicht erreichen wird.

    Hinweis: *Es genügt eine sinngemäß richtige Begründung.*

18. **Der Textauszug enthält …**

	trifft zu	trifft nicht zu
a) umgangssprachliche Formulierungen.	X	
b) eine chronologische Darstellung der Handlung.	X	
c) eine durchgängige Erzählperspektive.	X	
d) einen unmittelbaren Einstieg in den Konflikt der Figuren.		X
e) Zeit- und Ortsangaben.	X	
f) Einblicke in die Gedanken aller Figuren.		X

Hinweis: ***a)*** *Der Anführer der Neuankömmlinge drückt sich umgangssprachlich aus (vgl. Z. 126/127, Z. 153, Z. 164/165).* ***b)*** *Die Handlung wird in der richtigen zeitlichen Abfolge dargestellt.* ***c)*** *Die Handlung wird durchgängig aus der Perspektive der Hauptperson erzählt (Ich-Erzähler).* ***d)*** *Im ersten Absatz wird der Ich-Erzähler zunächst vorgestellt (vgl. Z. 2–10).* ***e)*** *In den ersten beiden Absätzen finden sich Zeit- (vgl. Z. 1/2) und Ortsangaben (vgl. Z. 11/12).* ***f)*** *Der Textauszug enthält lediglich die Gedanken der Hauptperson (vgl. z. B. Z. 43/44 und Z. 103–107).*

B: Sprache

1.

Beispielsatz	Rhetorisches Mittel
An der Kreuzung vor meinem Wohnblock lärmte der Nachmittag.	Personifikation / Metapher
Das war witzig und widerwärtig zugleich.	Alliteration / Antithese
Noch ein Pfiff. Noch ein Rufen.	Ellipse / Anapher

Hinweis: Im ersten Satz *liegt eine Personifikation vor, da der Nachmittag wie ein Lebewesen dargestellt wird („… lärmte der Nachmittag.“). Außerdem kann man hier von einer Metapher sprechen, denn der Nachmittag wird mit einem lärmenden Menschen gleichgesetzt.*
Im zweiten Satz *liegt eine Alliteration vor, denn die beiden benachbarten Wörter „witzig“ und „widerwärtig“ weisen denselben Anlaut auf. Gleichzeitig drücken sie einen Gegensatz aus und bilden damit eine Antithese.*
Beide Sätze ***im dritten Beispiel*** *sind Ellipsen, denn sie sind durch das Fehlen der Prädikate unvollständig. Vollständig könnten die Sätze lauten: „Noch ein Pfiff ertönte. Noch ein Rufen war zu hören.“ Außerdem werden die Anfänge aufeinanderfolgender Sätze wiederholt („Noch ein …/Noch ein …“), sodass es sich um eine Anapher handelt.*
Es genügt, bei jedem Beispielsatz ein rhetorisches Mittel anzugeben.

2. Sie ließen die Hitlerjungs passieren, **indem / dadurch, dass / während / wobei sie die Hände (er)hoben.**

Hinweis: *Das Satzglied „mit erhobenen Händen“ ist eine adverbiale Bestimmung der Art und Weise (modal). Man kann fragen: „**Wie** ließen sie die Hitlerjungs passieren?“ Um die adverbiale Bestimmung in einen Gliedsatz (Nebensatz) umzuwandeln, musst du eine passende Konjunktion (Bindewort) an den Anfang stellen und das Verb „(er)heben“ zum Prädikat des Gliedsatzes machen. Um den Zusammenhang zwischen Hauptsatz und Gliedsatz (modaler Adverbialsatz) auszudrücken, könntest du hier z. B. „indem“ oder „dadurch, dass“ ergänzen. Auch die Konjunktionen „während“ und „wobei“ könnten sinngemäß den Gliedsatz einleiten und ausdrücken, dass zwei Handlungen zeitlich parallel zueinander verlaufen.*
Den Unterschied zwischen Haupt- und Nebensatz erkennst du an der Stellung der finiten (gebeugten) Verbform. Im Hauptsatz steht die finite Verbform meist an zweiter Stelle, im Nebensatz ganz am Ende des Satzes.

3. Die Formen des Konjunktivs II haben hier die Funktion, etwas auszudrücken, was der Ich-Erzähler sich vorstellt, was aber nicht der Realität entspricht. Wenn er weggerannt wäre, wäre es wahrscheinlich nicht zu einer Konfrontation gekommen und der Tag hätte einen anderen Ausgang genommen. Dies ist lediglich eine Überlegung. In Wirklichkeit ist er nicht weggerannt und es ist zu einer Konfrontation gekommen.

   Hinweis: *Es handelt sich hier um einen irrealen Bedingungssatz mit zwei Prädikaten im Konjunktiv II der Vergangenheit. Man leitet die Form des Konjunktivs II aus der Präteritum-Form des Verbs ab. Die Vokale a, o und u werden dabei oft zu den Umlauten ä, ö und ü, z. B. „ich war“ – „ich wäre“.*

4. Die umgangssprachliche Wirkung wird erreicht …
   - durch eine Verkürzung der Sätze und die Auslassung von Wörtern, z. B. „War’n los?“ statt „Was war denn los?“
   - durch eine Verkürzung von Wörtern, z. B. „nich’“ statt „nicht“.
   - durch mundartliche Ausdrücke, z. B. „mer“ statt „wir“.

5.

folgender Nebensatz	1
Apposition	
Aufzählung	
eingeschobener Nebensatz	
zwei Hauptsätze / Satzreihe	2
vorangestellter Nebensatz	3

Hinweis: Komma 1 *wird gesetzt, weil es sich um ein Satzgefüge handelt, bestehend aus einem Hauptsatz und einem Nebensatz (Relativsatz), der durch das Relativpronomen „was“ eingeleitet wird. Ein Satzgefüge besteht immer aus einer Verbindung von Haupt- und Nebensatz. Im Hauptsatz steht das Prädikat „wich“ an zweiter Stelle, im* ***folgenden Nebensatz*** *steht das Prädikat „kannte“ an letzter Stelle.*
Eine ***Apposition*** *ist eine nachgestellte, nominale Erläuterung, die im selben Fall wie das Bezugswort steht. Da alle Beispielsätze vollständige Sätze sind, kann keine Apposition vorliegen. In keinem Beispielsatz werden Satzteile* ***aufgezählt****. Ein Satzgefüge mit einem* ***eingeschobenen Nebensatz*** *kommt ebenfalls nicht vor.*
Komma 2 *wird gesetzt, weil zwei Hauptsätze aufeinander folgen* ***(Satzreihe)****, die nicht durch „und“ oder „oder“ miteinander verbunden sind. Eine Satzreihe setzt sich immer aus mehreren Hauptsätzen zusammen. In diesem Fall sind die beiden Hauptsätze durch die nebenordnende Konjunktion „aber“ verbunden.*
Komma 3 *wird gesetzt, weil es sich um ein Satzgefüge handelt, bestehend aus einem* ***vorangestellten Nebensatz****, gefolgt von einem Hauptsatz. Der Nebensatz wird durch die Konjunktion „wenn“ eingeleitet und das Prädikat steht an letzter Stelle.*

C: Schreiben

Schreibaufgabe 1: Gedichtinterpretation

Hinweis: *Bei der Bearbeitung dieser Aufgabe sollst du eine* ***Gedichtinterpretation*** *schreiben. Es ist wichtig, dass du die Aufgabenstellung sorgfältig liest, weil diese den Aufbau deines Textes bestimmt.*
In der ***Einleitung*** *sollst du das Thema des Gedichts darstellen, im* ***Hauptteil*** *das Gedicht hinsichtlich Form und Inhalt untersuchen und einen Bezug zum Thema „Widerstand" herstellen und im* ***Schlussteil*** *die Frage beantworten, ob das Gedicht zum Textauszug „Bis die Sterne zittern" passt.*
Schreibe zunächst einen einleitenden Satz, in dem Informationen zu ***Textsorte, Autor, Titel und Thema*** *des Gedichts enthalten sind. Fasse anschließend den Inhalt des Gedichts kurz zusammen. Formuliere im Präsens, da es sich um eine* ***Inhaltsangabe*** *handelt.*
Nimm im ersten Teil des Hauptteils eine ***formale Analyse*** *des Gedichts vor und gehe auf die einzelnen Strophen, die Verse und den Reim ein. Vergiss nicht, auch die Wirkung der verwendeten Stilmittel zu beschreiben. Danach erfolgt die* ***inhaltliche Analyse****, in der du auf die einzelnen Aussagen in den beiden Strophen eingehst und sie zu deuten versuchst. Vergiss nicht, deine Aussagen mit Zitaten zu belegen. Wie man richtig zitiert, kannst du im Trainingsteil nachlesen. Im zweiten Teil des Hauptteils führst du aus, was der Inhalt des Gedichts mit dem* ***Thema „Widerstand"*** *zu tun hat. Belege auch hier deine Aussagen mit Textstellen.*
Im Schlussteil sollst du beurteilen, ob das Gedicht zum ***Textauszug „Bis die Sterne zittern"*** *passt. Vergleiche dazu beide Texte und stelle dar, welche* ***Übereinstimmungen und Unterschiede*** *du finden kannst. Werte anschließend den Vergleich aus und komme zu einem Ergebnis.*
Da es sich um eine Textanalyse handelt, solltest du ***Standardsprache*** *verwenden und umgangssprachliche Ausdrücke vermeiden. Achte auch auf die richtige Verwendung von Fachbegriffen.*

Gedicht: „Mut" von August Heinrich Hoffmann von Fallersleben

Einleitung
einleitender Satz: Textsorte, Titel, Verfasser, Thema

Im Gedicht „Mut" von August Heinrich Hoffmann von Fallersleben (1798–1874) fordert der Dichter dazu auf, selbst im größten Unglück durch Mut zum Handeln sein Schicksal zum Positiven zu wenden.

Zusammenfassung des Inhalts

Auch wenn alles zerstört ist und es weder Trost noch Hoffnung zu geben scheint, soll der Mensch eine positive Lebenseinstellung bewahren und tatkräftig etwas Neues gestalten. Dabei muss er lernen, Unglück auszuhalten und nicht aufzugeben. Es lohnt sich, so zu handeln, denn trotz der widrigen Umstände gibt es immer noch Aussicht auf Glück.

Hauptteil
Formale Analyse:

Das Gedicht besteht aus zwei Strophen, einer ersten Strophe mit sieben und einer zweiten Strophe mit sechs Versen.

Die Anzahl der weiblichen Versendungen (Kadenzen) überwiegt, sodass der Gedichttext fast den Charakter eines Liedes bekommt. Durch das Reimschema a-b-b-a-b-b-a und c-c-a-c-c-a und das einheitliche Versmaß (vierhebiger Trochäus) mit der Betonung auf der ersten Silbe entsteht ein gleichmäßiger Takt mit einer eindringlichen, fast feierlichen Wirkung.

Strophen, Verse, Kadenzen

Reim, Versmaß

Verstärkt wird dies durch die Wiederholung gleicher Versanfänge (Anapher): „Wag es, und die Welt ist dein“ (V. 1), „wag es, froh und frei zu sein (V. 7) und „Wag es, frei und froh zu sein“ (V. 10). Der Gedankenstrich im letzten Vers („Wag es – und die Welt ist dein“) betont, dass die Aussage überlegt ist und Wagemut sich lohnen und zu einer besseren Welt führen wird.

Verwendung besonderer Stilmittel:

Anapher, Wiederholungen, Gedankenstrich

Durch die Imperative „wag“, „gestalte“, „rege“, „schalte“, „walte“, „entfalte“ und „lerne“ wird die lesende Person direkt angesprochen. Vier Ausrufezeichen (V. 7, 9, 10 und 12) verleihen den Aufforderungen noch mehr Gewicht. Dadurch, dass in der ersten Strophe nur ein Ausrufezeichen, in der zweiten Strophe aber drei Ausrufezeichen zu finden sind, entsteht eine Steigerung hinsichtlich der Aussagekraft: Das Bemühen, überzeugen zu wollen, nimmt gegen Ende des Gedichts also zu.

Imperative/direkte Ansprache

Ausrufezeichen: Steigerung der Aussagekraft

Im ersten Vers wird zunächst nicht gesagt, was man tun soll, damit eine neue eigene Welt entstehen kann. Der Inhalt des Pronomens „es“ („wag es“) wird das erste Mal am Ende der ersten Strophe und dann wieder im dritten Vers der zweiten Strophe durch eine Alliteration beschrieben: Man soll „froh und frei“ (V. 7) bzw. „frei und froh“ (V. 10) sein. Am Ende der zweiten Strophe ist das Pronomen ein weiteres Mal zu finden. Jetzt ist aber eindeutig, was mit der Aufforderung gemeint ist: Selbst bei Zerstörung, Unglück und Hoffnungslosigkeit sollte man wagen, froh und frei zu sein, weil es immer noch eine Chance auf Besserung gibt. „Auch in diesen trüben Tagen / ist ein Glück noch zu erjagen!“ (V. 11/12)

Verwendung des unpersönlichen Pronomens „es“

Alliteration

Rahmen

Da der erste und der letzte Vers des Gedichts aus denselben Worten bestehen, bilden sie einen Rahmen um den anderen Text und vermitteln den Eindruck von Geschlossenheit.

Inhaltliche Analyse:

erste Strophe

Ausgangssituation: Die Welt ist zerstört.

empfohlenes Verhalten: Wagemut aufbringen

In der ersten Strophe wird nach der Aufforderung, eine neue Welt zu gestalten, die Ursache genannt, die dies erforderlich machen könnte: Wenn die alte vertraute Welt in einem Ausmaß zerstört ist, dass es weder Trost noch Anzeichen für Hoffnung gibt. „[W]enn in Trümmern liegt die alte, / ohne Trost und Hoffnungsschein“ (V. 3/4), dann ist Wagemut gefragt. Es wird nicht gesagt, um welche Welt es sich handelt. Denkbar wäre, dass eine äußere Welt gemeint ist, die in Schutt und Asche liegt, aber auch der Glaube an etwas, z. B. an eine politische Idee, könnte in den inhaltlichen Zusammenhang passen. In dieser Situation ist Eigeninitiative und entschlossenes Handeln gefragt: „Rege dich – und schalte und walte, / neue Lebenskraft entfalte“ (V. 5/6). Man soll Verantwortung übernehmen und aktiv eingreifen, nicht nur zuschauen.

Eigeninitiative entwickeln, entschlossen handeln

positive Lebenseinstellung bewahren

Das gelingt mit genügend Selbstbewusstsein und einer positiven Lebenseinstellung, sodass man „frei“ und „froh“ handeln kann.

zweite Strophe: lernen, Unglück auszuhalten und nicht aufzugeben

In der zweiten Strophe wird gefordert, die Fähigkeit zu erlernen, Unglück auszuhalten und nicht aufzugeben: „Lerne dulden und ertragen, / lern im Unglück nicht verzagen“ (V. 8/9). Dieses Verhalten kann man nicht einfach abrufen, sondern man muss es lernen, weil es sehr schwer ist, in ausweglosen Situationen nicht zu verzweifeln.

Wendung des Schicksals zum Positiven

Wer aber beharrlich bleibt und „frei und froh“ (V. 10) handelt, hat die Chance, selbst „in diesen trüben Tagen“ (V. 11) – hier ist die Wirklichkeit gemeint – sein Schicksal zu wenden, denn das Glück ist „zu erjagen“ (V. 12). An dieser Stelle ist wieder das aktive Handeln gefragt.

Glücksversprechen

Im letzten Vers erfolgen noch einmal die Ermunterung, sich frei und froh zu fühlen, und das Versprechen, damit die Welt so gestalten zu können, dass sie den eigenen Vorstellungen entspricht.

Das Gedicht hat in mehrfacher Hinsicht einen Bezug zum Thema „Widerstand“. Zunächst könnte die Überwindung eines inneren Widerstandes gemeint sein. Bequemlichkeit und Passivität müssen überwunden werden, bevor jemand aktiv und tatkräftig handeln und Verantwortung übernehmen kann.

Bezug zum Thema „Widerstand“
Überwindung innerer Widerstände:
Passivität

Noch schwieriger wird es, wenn jemand Unglück und Schmerz erlitten hat und „ohne Trost und Hoffnungsschein“ (V. 4) ist. Verzweiflung und Trauer müssen erst verarbeitet werden. Es kostet Kraft, aufkommender Resignation und dem Bedürfnis nach Rückzug Widerstand zu leisten („neue Lebenskraft entfalte“, V. 6) und wieder aktiv zu werden.

Schmerz und Trauer

Der Inhalt des Gedichts könnte sich aber auch auf äußeren Widerstand beziehen. Wenn man eine neue Welt gestalten oder die Welt verbessern möchte, muss man damit rechnen, dass sich einem andere in den Weg stellen. Man muss Schwierigkeiten und Ängste überwinden und diejenigen überzeugen, die anders denken. Wenn man etwas erfolgreich durchsetzen möchte, muss man Widerstände aushalten können. Das verlangt nicht nur Ausdauer und Kraft, sondern auch positives Denken, Geduld und Toleranz. Aber es lohnt sich, widerstandsfähig zu sein, weil man dafür belohnt wird: „Wag es – und die Welt ist dein.“ (V. 13)

Überwindung äußerer Widerstände:
Einflüsse von Andersdenkenden

erforderliche Eigenschaft: widerstandsfähig sein

Einerseits passt das Gedicht zum Textauszug „Bis die Sterne zittern“, weil Hoffmann von Fallersleben in seinem Gedicht allgemeingültige Aussagen über mutiges Verhalten in einer schwierigen Situation macht.

Schlussteil
Das Gedicht passt zum Textauszug: gemeinsames Thema „Mut“

Sein Gedicht hat zeitunabhängig Gültigkeit und trifft nicht nur auf seine Entstehungszeit des 19. Jahrhunderts zu, sondern auch auf die Zeit des Nationalsozialismus und auf unsere heutige Zeit.

allgemeine, zeitunabhängige Aussage

Harro befindet sich in einer Notsituation, die man mit den im Gedicht angesprochenen „trüben Tagen“ vergleichen könnte. Die Hitlerjungen wollen ihn gegen seinen Willen zum Grüßen der Fahne und damit zur Anerkennung ihrer politischen Ausrichtung zwingen. Er hat in dieser Situation

Bezug zum Verhalten der Hauptperson im Textauszug

das Glück, dass eine stärkere Gruppe auf seinen passiven Widerstand aufmerksam wird, sich dadurch mit ihm solidarisch fühlt und die Hitlerjungen vertreibt. Obwohl seine Lage schon ausweglos erschien, wendet sich sein Schicksal so unverhofft zum Guten. Harro hat gewagt, seinen Möglichkeiten entsprechend Widerstand zu leisten, und wird durch seine Rettung dafür belohnt.

Das Gedicht passt nicht zum Textauszug: Unterschied zwischen geforderten Eigenschaften (Gedicht) und wirklichen Eigenschaften der Hauptperson (Textauszug)

Andererseits passt das Gedicht eher nicht zum Textauszug, denn Harro handelt nicht so tatkräftig, wie es im Gedicht geraten wird. Man traut ihm nicht zu, dass er Verantwortung übernehmen und eine neue Welt gestalten könnte, da er sich schon den Anforderungen von Schule und Eltern entzogen hat und träumend durch die Straßen zieht.

unterschiedliche Ausgangssituationen

Außerdem liegt Harros alte Welt nicht in Trümmern und ist nicht trost- und hoffnungslos. Seine alte Welt besteht noch und er bemüht sich, seine Werte oder Ansichten gegenüber den Hitlerjungen zu verteidigen. Seine Lage ist zwar bedrohlich, aber nicht so dramatisch wie die im Gedicht angedeutete Situation.

kein politischer Bezug im Gedicht

Im lyrischen Text stellt der Dichter auch keinen direkten Bezug zu politischen Konflikten her. Er ermuntert zu aktivem Gestalten, ruft aber nicht zum Widerstand gegen eine Regierung oder Partei auf. Bei der Auseinandersetzung zwischen Harro und den Hitlerjungen und dem Eingreifen der anderen Gruppe geht es aber darum, Widerstand gegen ein politisches System zu leisten.

Zusammenfassung und Auswertung

Insgesamt gesehen kann man sagen, dass es in beiden Texten um Mut und Glück im Unglück geht, die Inhalte aber ansonsten große Unterschiede aufweisen. Hoffmann von Fallersleben macht allgemeingültige Aussagen und gibt Handlungsempfehlungen für alle Menschen, die in eine existentielle Notsituation geraten. Im Textauszug dagegen steht ein Einzelner im Vordergrund, der in eine politische Konfrontation gerät und Hilfe erfährt.

Schreibaufgabe 2: Stellungnahme

***Hinweis:** Eine Stellungnahme ist eine **argumentative Textsorte** mit einem klar gegliederten Aufbau. In der **Einleitung** führst du mit einer allgemeinen Aussage oder mit der Beschreibung einer eigenen Erfahrung zum Sinnspruch hin, zu dessen Aussage du Stellung nehmen sollst. An dieser Stelle äußerst du auch schon deine **Meinung** zu der Frage, ob du der darin enthaltenen Aussage zustimmst oder nicht.*

*Am Anfang des **Hauptteils** ist es sinnvoll, den Leserinnen und Lesern kurz zu erläutern, was du im Folgenden ausführen wirst. Dies bildet eine Überleitung zu deiner Argumentation. Erläutere anschließend die **Argumente**, mit denen du deine Meinung (Zustimmung oder Ablehnung) begründest. Gehe dabei auch auf mögliche Argumente der Gegenseite ein, mache aber durch deine Formulierungen deutlich, dass du diese Gesichtspunkte nicht für entscheidend hältst.*

*Denke daran, **Begründungen und Beispiele** für deine Behauptungen zu finden, damit deine Ausführungen die Leserschaft überzeugen. Ordne deine Argumente so an, dass eine Steigerung nach Wichtigkeit zu erkennen ist.*

*Im **Schlussteil** bekräftigst du noch einmal deine **Meinung** und fasst das **Ergebnis** deiner Ausführungen zusammen. Verweise noch einmal auf das wichtigste Argument, auf das sich deine Meinung stützt. Finde am Ende des Schlussteils möglichst Lösungen für die in deinen Ausführungen aufgezeigten Probleme, indem du nach Kompromissvorschlägen suchst. Rufe am Ende deines Textes vielleicht noch zum richtigen Verhalten im Umgang mit dem Sinnspruch auf und runde mit diesem **Appell** deinen Text wirkungsvoll ab.*

*Achte bei der Wahl deiner Ausdrucksweise darauf, dass eine Stellungnahme eine **sachliche Meinungsäußerung** zu einer Fragestellung ist. Umgangssprachliche Ausdrücke solltest du deshalb vermeiden.*

Der Klügere gibt nach

Einleitung

Aufgreifen des Sinnspruchs / Thema

Als Kind habe ich den Sinnspruch „Der Klügere gibt nach" häufig gehört. Die darin enthaltene Aussage, dass es vernünftiger sein kann, nicht immer seinen Willen durchzusetzen, wurde von meinen Großeltern und Eltern als Lebensweisheit übernommen und als Ratschlag an die nächste Generation weitergegeben.

Äußern der eigenen Position

Auch ich habe den Spruch schon in einigen Situationen geäußert, aber als generell richtig möchte ich seine Aussage nicht bezeichnen.

Überleitung zum Hauptteil

Im Folgenden werde ich erläutern, warum ich zu dieser Bewertung gekommen bin. Dabei gehe ich auch auf Argumente der Gegenseite ein.

Argument der Gegenseite: Der Klügere beendet durch Nachgeben die Diskussion schnell und bequem.

Es kommt vor, dass jemand in einer Auseinandersetzung nachgibt und sich auf die Aussage des Sinnspruchs „Der Klügere gibt nach" beruft, weil er auf diese Weise die Diskussion schnell und bequem beenden möchte.

In einem solchen Fall wird der Aussage aber ihre eigentliche Bedeutung genommen und sie wird lediglich als ein Scheinargument eingesetzt, das eine anstrengende sachliche Diskussion ersetzen soll. Wenn das Gegenüber das erkennt, wird es die überhebliche Art des Vorgehens übelnehmen und ein neuer Streit über das ausweichende Verhalten könnte die Folge sein.

1. Argument zur Stützung der eigenen Position: Der Sinnspruch wird als Scheinargument eingesetzt.

Begründung / Folgen

Wenn einem Diskussionspartner z. B. gute Argumente fehlen und er fürchtet, nicht auf dem Niveau des anderen mithalten zu können, setzt er möglicherweise die Aussage ein, um sich über die Gegenseite zu erheben und sie zum Schweigen zu bringen. Ein friedlicher Ausgang der Diskussion ist so nicht zu erwarten.

Beispiel

Bedenken muss man außerdem, dass das Befolgen des Sinnspruchs nur dann zielführend ist, wenn in einer kontroversen Debatte immer eindeutig erkennbar wäre, wer klüger und damit überlegen ist.

Argument der Gegenseite: Der Klügere ist erkennbar.

Es ist aber möglich, dass es bei gleichwertigen Diskussionspartnern keinen Klügeren gibt, eine Seite aber dem Sinnspruch gemäß trotzdem nachgibt, weil die Auseinandersetzung zu keinem Ende kommt. Das hat den Nachteil, dass die gute Argumentation und das Engagement der anderen Seite keine Berücksichtigung finden.

2. Argument zur Stützung der eigenen Position: Eine Seite gibt auf, obwohl es keinen Klügeren gibt.

Begründung / Folgen

Wenn es bei einer Schulsprecherwahl z. B. zu einem Ergebnis mit Stimmengleichheit kommt, sind beide Seiten in den Augen der Wählerschaft gleich gut qualifiziert. In diesem Fall wäre es ein Verlust, wenn eine der kandidierenden Personen aufgäbe und damit ihre Mitarbeit verloren ginge. Effektiver wäre eine gemeinsame Ausübung des Amtes.

Beispiel

Von Befürwortern des Sinnspruchs wird außerdem angeführt, dass manche Dinge zu unwichtig seien, um sich darum zu streiten. Besonders Außenstehende geben oft den Rat, die Streitenden sollten lieber klug sein und nachgeben.

Argument der Gegenseite: Manches ist nicht wichtig genug, um darüber zu streiten.

3. Argument zur Stützung der eigenen Position: Die Beteiligten teilen die Einschätzung der Ratgeber nicht.

Die Beteiligten teilen aber nicht immer die Einschätzung Dritter und würden manchmal ihre Interessen lieber durchsetzen. Wenn sie nur widerwillig nachgeben, sind sie mit dem Ausgang des Streites unzufrieden und entwickeln dem anderen gegenüber Aggressionen.

Begründung / Folgen

Beispiel

Erwachsene greifen z. B. gerne in die Auseinandersetzungen zwischen Kindern ein, weil nach ihrer Ansicht der Streit um einen Legostein nicht lohnt. Sie empfehlen dann häufig dem älteren Kind, den Legostein abzugeben, weil dies klüger sei, als sich lange zu streiten. Selbst wenn das Kind diese Ansicht nicht teilt, wird es wegen des Eingreifens eines Erwachsenen wahrscheinlich widerwillig nachgeben und keinen weiteren Versuch machen, sich durchzusetzen. Wenn dies unter Geschwistern immer wieder so abläuft, stört es langfristig die Beziehung der Kinder untereinander.

Argument der Gegenseite: Der Gesprächspartner ist unnachgiebig.

Verstehen kann man auch, wenn jemand sich dem Sinnspruch entsprechend verhält, weil er in einem Abhängigkeitsverhältnis zu seinem Diskussionspartner steht und genau weiß, dass dieser in manchen Bereichen absolut unnachgiebig ist. Wenn die Chance des Durchsetzens gar nicht besteht, kommt einem das Nachgeben klüger vor.

4. Argument zur Stützung der eigenen Position: Ein Nachgeben gegen die eigene Überzeugung belastet die Beziehung.

Aber ein Nachgeben entgegen der eigentlichen Überzeugung belastet eine Beziehung mehr als eine sachliche Auseinandersetzung, weil die Ursachen des Streits nicht geklärt werden.

Begründung / Folgen

Beendet man die Auseinandersetzung aus taktischen Gründen vorzeitig, ohne sich durch eine Vereinbarung anzunähern, bleibt die Atmosphäre für beide Seiten ungeklärt.

Beispiel

Ein Jugendlicher weiß meist genau, was seine Eltern erlauben und was auf keinen Fall von ihnen zugelassen wird. So gibt er z. B. in einer Auseinandersetzung über ein Kontaktverbot zu einem Freund, dessen Einfluss die Eltern fürchten, vordergründig nach, trifft sich aber heimlich weiter mit ihm. Das schadet der Beziehung zu den Eltern mehr, als ein offenes und vertrauensvolles Gespräch es getan hätte.

Umgekehrt kann es auch sein, dass Eltern ihrem Kind in all seinen Forderungen nachgeben, weil sie Konflikte vermeiden wollen und dieses Verhalten aus Liebe für richtig und klug halten.

Argument der Gegenseite: Eltern geben den Forderungen des Kindes aus Liebe nach.

Kinder brauchen aber Grenzen, um sich im Leben orientieren zu können. Ständiges Nachgeben hilft ihnen dabei nicht. Eltern sollten Verhaltensregeln formulieren und auf deren Einhaltung konsequent achten, damit das Kind lernt, seine Bedürfnisse zu steuern und Konflikte auszuhalten.

Begründung / Folgen

Wenn Eltern z. B. den Konsum von zuckerhaltigen Nahrungsmitteln oder auch den Umgang mit neuen Medien bei Kindern nicht bewusst steuern, wird ihnen keine Orientierung gegeben und sie erleiden vielleicht sogar gesundheitliche Schäden.

Beispiel

Noch bedenklicher ist es, wenn Jugendliche gegenüber Gleichaltrigen bewusst Konflikte vermeiden und meinen, es sei klüger, Freunden gegenüber in allen Belangen nachzugeben.

Argument der Gegenseite: Freunden gegenüber gibt man besser nach.

Das kann dazu führen, dass sie ausgenutzt werden oder sogar in Gefahr geraten. Wenn jemand etwas eindeutig für falsch hält und trotzdem nachgibt, wird er nicht respektiert, da der Eindruck entsteht, er lasse alles mit sich machen.

5. Argument zur Stützung der eigenen Position: Wer immer nachgibt, wird nicht respektiert.

Beispielsweise ist es nicht klug, sich von gleichaltrigen Freunden zu einer Spritztour mit einem gestohlenen Auto oder zum Ausprobieren harter Drogen überreden zu lassen. Dadurch riskiert man nicht nur seine Gesundheit, sondern läuft auch Gefahr, wegen einer Straftat verurteilt zu werden.

Begründung / Folgen

Beispiel

Am wichtigsten, aber gleichzeitig auch äußerst schwierig ist es, eigene Werte und politische Überzeugungen standhaft zu verteidigen, wenn körperliche Bedrohung und harte Strafen die Folge sein können.

6. Argument zur Stützung der eigenen Position: Eigene Werte und Überzeugungen müssen standhaft verteidigt werden.

Das Befolgen des Sinnspruchs „Der Klügere gibt nach“ könnte nämlich dazu führen, dass das Handeln den weniger Klugen überlassen wird. Deren problematisches Vorgehen führt dann nicht nur sie selbst in die Katastrophe, sondern auch alle Menschen, für die sie verantwortlich sind.

Begründung

Folgen

Beispiele

Mehrere Beispiele von Regimegegnern haben in letzter Zeit anschaulich gezeigt, dass diejenigen, die Zivilcourage zeigen und sich für Menschenrechte einsetzen, aus unserer Sicht langfristig klüger handeln, weil sie sich gegen Gewalt und Unterdrückung wehren.
Der Fall des russischen Regimegegners Nawalny zeigt z. B., dass jemand trotz der Gefahr eines weiteren Anschlags auf sein Leben eine lange Haftstrafe auf sich nimmt und nicht nachgibt, weil er durch sein Verhalten gegen Unrecht in seinem Land protestieren und damit ein Beispiel für andere geben will.

Schlussteil

Bekräftigen der eigenen Position

Meine Ausführungen ergeben, dass der Sinnspruch „Der Klügere gibt nach" nicht generell als richtig bezeichnet werden kann.

Zusammenfassung

Die angeführten Beispiele zeigen, dass die Umstände von Auseinandersetzungen oft so komplex sind, dass die Folgen des Nachgebens sich negativer auswirken können als der Streit selbst, der Anlass der Auseinandersetzung gewesen ist.

Anführen des wichtigsten Arguments

Besonders schwer wiegt der Gesichtspunkt, dass auch in der Politik die aus unserer Sicht Klügeren nicht nachgeben, sondern das Handeln bestimmen sollten.

Kompromissvorschläge: Man sollte situationsabhängig entscheiden.

Bevor man nachgibt, sollte man in jeder Situation die Folgen bedenken und abwägen, ob ein Nachgeben wirklich klug ist. Besser noch wäre es, bei Auseinandersetzungen nach Kompromisslösungen zu suchen, um so auf Augenhöhe mit seinem Gegenüber verhandeln zu können.

Man sollte diplomatische Lösungen auf Augenhöhe anstreben.

Man sollte nach diplomatischen Wegen suchen und so zur Vermeidung von Konflikten und gewaltsamen Auseinandersetzungen beitragen.

Appell

Dass diese Fähigkeit aktuell besonders gebraucht wird, sollten auch all diejenigen erkennen, die im Krieg zwischen Russland und der Ukraine nach klugen Lösungen suchen.

Abschlussprüfung Deutsch 2023

Um dir die **Lösungen zur Prüfung 2023** schnellstmöglich zur Verfügung stellen zu können, bringen wir sie in digitaler Form heraus.

Sobald die Original-Prüfungsaufgaben 2023 freigegeben sind, können die dazugehörigen Lösungen als PDF auf der Plattform **MyStark** heruntergeladen werden (Zugangscode vgl. Umschlaginnenseite).

Aktuelle Prüfung

www.stark-verlag.de/mystark